AF345260

OEUVRES

DE

MONTESQUIEU.

IMPRIMERIE DE FIRMIN DIDOT,
RUE JACOB, N° 24.

OEUVRES

DE

MONTESQUIEU.

ESPRIT DES LOIS.

TOME PREMIER.

PARIS,

L. DE BURE, LIBRAIRE, RUE DE BUSSY, N° 30.

M DCCC XXVI.

ÉLOGE

DE MONTESQUIEU,

MIS EN TÊTE DU Ve VOLUME DE L'ENCYCLOPÉDIE,

Par D'ALEMBERT.

—

L'INTÉRÊT que les bons citoyens prennent à l'Encyclopédie, et le grand nombre de gens de lettres qui lui consacrent leurs travaux, semblent nous permettre de la regarder comme un des monuments les plus propres à être dépositaires des sentiments de la patrie, et des hommages qu'elle doit aux hommes célèbres qui l'ont honorée. Persuadés néanmoins que M. de Montesquieu étoit en droit d'attendre d'autres panégyristes que nous, et que la douleur publique eût mérité des interprètes plus éloquents, nous eussions enfermé au-dedans de nous-mêmes nos justes regrets et notre respect pour sa mémoire; mais l'aveu de ce que nous lui devons nous est trop précieux pour en laisser le soin à d'autres. Bienfaiteur de l'humanité par ses écrits, il a daigné l'être aussi de cet ouvrage, et notre reconnoissance ne veut que tracer quelques lignes au pied de sa statue.

Charles de Secondat, baron de la Brède et de Montesquieu, ancien président à mortier au parlement de Bordeaux, de l'Académie françoise, de l'Académie royale des sciences et des belles-lettres de Prusse, et de la société royale de Londres, naquit au château de la Brède, près de Bordeaux, le 18 janvier 1689, d'une famille noble de Guienne. Son trisaïeul, Jean de Secondat, maitre-d'hôtel de Henri II roi de Navarre, et ensuite de Jeanne, fille de ce roi, qui épousa Antoine de Bourbon, acquit la terre de Montesquieu d'une somme de 10,000 livres, que cette princesse lui donna par un acte authentique, en récompense de sa probité et de ses services. Henri III, roi de Navarre, depuis Henri IV, roi de France, érigea en baronnie la terre de Montesquieu en faveur de Jacob de Secondat, fils de

Jean, d'abord gentilhomme ordinaire de la chambre de ce prince, et ensuite mestre-de-camp du régiment de Châtillon. Jean Gaston de Secondat, son second fils, ayant épousé la fille du premier président du parlement de Bordeaux, acquit dans cette compagnie une charge de président à mortier. Il eut plusieurs enfants, dont un entra dans le service, s'y distingua, et le quitta de fort bonne heure : ce fut le père de Charles de Secondat, auteur de l'*Esprit des Lois*. Ces détails paroîtront peut-être déplacés à la tête de l'éloge d'un philosophe dont le nom a si peu besoin d'ancêtres ; mais n'envions point à leur mémoire l'éclat que ce nom répand sur elle.

Les succès de l'enfance, présage quelquefois si trompeur, ne le furent point dans Charles de Secondat : il annonça de bonne heure ce qu'il devoit être, et son père donna tous ses soins à cultiver ce génie naissant, objet de son espérance et de sa tendresse. Dès l'âge de vingt ans, le jeune Montesquieu préparoit déja les matériaux de l'*Esprit des Lois*, par un extrait raisonné des immenses volumes qui composent le corps du droit civil : ainsi autrefois Newton avoit jeté, dès sa première jeunesse, les fondements des

4

ouvrages qui l'ont rendu immortel. Cependant l'étude de la jurisprudence, quoique moins aride pour M. de Montesquieu que pour la plupart de ceux qui s'y livrent, parcequ'il la cultivoit en philosophe, ne suffisoit pas à l'étendue et à l'activité de son génie : il approfondissoit, dans le même temps, des matières encore plus importantes et plus délicates [1], et les discutoit dans le silence avec la sagesse, la décence et l'équité qu'il a depuis montrées dans ses ouvrages.

Un oncle paternel, président à mortier au parlement de Bordeaux, juge éclairé et citoyen vertueux, l'oracle de sa compagnie et de sa province, ayant perdu un fils unique, et voulant conserver dans son corps l'esprit d'élévation qu'il avoit tâché d'y répandre, laissa ses biens et sa charge à M. de Montesquieu. Il étoit conseiller au parlement de Bordeaux depuis le 24 février 1714, et fut reçu président à mortier le 13 juillet 1716. Quelques années après, en 1722, pendant la minorité du

---

1 C'étoit un ouvrage en forme de lettres, dont le but étoit de prouver que l'idolâtrie de la plupart des païens ne paroissoit pas mériter une damnation éternelle. (*Note de d'Alembert.*)

roi, sa compagnie le chargea de présenter des remontrances à l'occasion d'un nouvel impôt. Placé entre le trône et le peuple, il remplit en sujet respectueux et en magistrat plein de courage l'emploi si noble et si peu envié de faire parvenir au souverain le cri des malheureux ; et la misère publique, représentée avec autant d'habileté que de force, obtint la justice qu'elle demandoit. Ce succès, il est vrai, par malheur pour l'état bien plus que pour lui, fut aussi passager que s'il eût été injuste ; à peine la voix des peuples eut-elle cessé de se faire entendre que l'impôt supprimé fut remplacé par un autre : mais le citoyen avoit fait son devoir.

Il fut reçu, le 3 avril 1716, dans l'académie de Bordeaux, qui ne faisoit que de naître. Le goût pour la musique et pour les ouvrages de pur agrément avoit d'abord rassemblé les membres qui la formoient. M. de Montesquieu crut avec raison que l'ardeur naissante et les talents de ses confrères pourroient s'exercer avec encore plus d'avantage sur les objets de la physique. Il étoit persuadé que la nature, si digne d'être observée par-tout, trouvoit aussi par-tout des yeux dignes de la voir ; qu'au contraire les ouvrages de goût ne souffrant point de médiocrité, et la capitale étant en ce genre le centre des lumières et des secours, il étoit trop difficile de rassembler loin d'elle un assez grand nombre d'écrivains distingués. Il regardoit les sociétés de bel - esprit, si étrangement multipliées dans nos provinces, comme une espèce ou plutôt comme une ombre de luxe littéraire, qui nuit à l'opulence réelle, sans même en offrir l'apparence. Heureusement M. le duc de La Force, par un prix qu'il venoit de fonder à Bordeaux, avoit secondé des vues si éclairées et si justes. On jugea qu'une expérience bien faite seroit préférable à un discours foible ou à un mauvais poëme; et Bordeaux eut une académie des sciences.

M. de Montesquieu, nullement empressé de se montrer au public, sembloit attendre, selon l'expression d'un grand génie, un âge mûr pour écrire. Ce ne fut qu'en 1721, c'est-à-dire âgé de trente-deux ans, qu'il mit au jour les *Lettres persanes*. Le *Siamois* des *Amusements sérieux et comiques* pouvoit lui en avoir fourni l'idée : mais il surpassa son modèle. La peinture des mœurs orientales, réelles ou supposées, de l'orgueil et du flegme de l'amour asiatique, n'est que le

moindre objet de ces lettres; elle n'y sert, pour
ainsi dire, que de prétexte à une satire fine de
nos mœurs, et à des matières importantes que
l'auteur approfondit en paroissant glisser sur elles.
Dans cette espèce de tableau mouvant, Usbek
expose sur-tout avec autant de légéreté que d'é
nergie ce qui a le plus frappé parmi nous ses
yeux pénétrants; notre habitude de traiter sé
rieusement les choses les plus futiles, et de tour
ner les plus importantes en plaisanterie; nos
conversations si bruyantes et si frivoles; notre
ennui dans le sein du plaisir même; nos préju
gés et nos actions en contradiction continuelle
avec nos lumières; tant d'amour pour la gloire
joint à tant de respect pour l'idole de la faveur,
nos courtisans si rampants et si vains; notre po
litesse extérieure et notre mépris réel pour les
étrangers, ou notre prédilection affectée pour
eux; la bizarrerie de nos goûts, qui n'a rien au
dessous d'elle que l'empressement de toute l'Eu
rope à les adopter; notre dédain barbare pour
deux des plus respectables occupations d'un ci
toyen, le commerce et la magistrature; nos dis
putes littéraires, si vives et si inutiles; notre fu
reur d'écrire avant que de penser, et de juger

avant que de connoître. A cette peinture vive,
mais sans fiel, il oppose, dans l'apologue des
Troglodytes, le tableau d'un peuple vertueux,
devenu sage par le malheur; morceau digne du
portique. Ailleurs il montre la philosophie long-
temps étouffée, reparoissant tout-à-coup, rega-
gnant par ses progrès le temps qu'elle a perdu,
pénétrant jusque chez les Russes à la voix d'un
génie qui l'appelle, tandis que, chez d'autres
peuples de l'Europe, la superstition, semblable
à une atmosphère épaisse, empêche la lumière
qui les environne de toutes parts d'arriver jusqu'à eux. Enfin, par les principes qu'il établit
sur la nature des gouvernemens anciens et modernes, il présente le germe de ces idées lumi-
neuses, développées depuis par l'auteur dans son
grand ouvrage.

Ces différents sujets, privés aujourd'hui des
graces de la nouveauté qu'ils avoient dans la naissance des *Lettres persanes*, y conserveront toujours le mérite du caractère original qu'on a su
leur donner, mérite d'autant plus réel qu'il vient
ici du génie seul de l'écrivain, et non du voile
étranger dont il s'est couvert; car Usbek a pris,
durant son séjour en France, non-seulement une

connoissance si parfaite de nos mœurs, mais une
si forte teinture de nos manières mêmes, que
son style fait souvent oublier son pays. Ce léger
défaut de vraisemblance peut n'être pas sans dessein et sans adresse : en relevant nos ridicules
et nos vices, il a voulu sans doute aussi rendre
justice à nos avantages. Il a senti toute la fadeur
d'un éloge direct; et il nous a plus finement loués,
en prenant si souvent notre ton pour médire plus
agréablement de nous.

Malgré le succès de cet ouvrage, M. de Montesquieu ne s'en étoit point déclaré ouvertement
l'auteur. Peut-être croyoit-il échapper plus aisément par ce moyen à la satire littéraire, qui
épargne plus volontiers les écrits anonymes, parceque c'est toujours la personne et non l'ouvrage
qui est le but de ses traits. Peut-être craignoit-il
d'être attaqué sur le prétendu contraste des *Lettres persanes* avec l'austérité de sa place : espèce
de reproche, disoit-il, que les critiques ne manquent jamais, parcequ'il ne demande aucun effort
d'esprit. Mais son secret étoit découvert, et déja
le public le montroit à l'Académie françoise. L'é-
vènement fit voir combien le silence de M. de
Montesquieu avoit été sage. Usbek s'exprime quel-

quefois assez librement, non sur le fond du christianisme, mais sur des matières que trop de personnes affectent de confondre avec le christianisme même ; sur l'esprit de persécution dont tant de chrétiens ont été animés ; sur les usurpations temporelles de la puissance ecclésiastique ; sur la multiplication excessive des monastères, qui enlèvent des sujets à l'état sans donner à Dieu des adorateurs ; sur quelques opinions qu'on a vainement tenté d'ériger en dogmes ; sur nos disputes de religion, toujours violentes, et souvent funestes. S'il paroît toucher ailleurs à des questions plus délicates et qui intéressent de plus près la religion chrétienne, ses réflexions, appréciées avec justice, sont en effet très favorable à la révélation, puisqu'il se borne à montrer combien la raison humaine abandonnée à elle-même est peu éclairée sur ces objets. Enfin, parmi les véritables lettres de M. de Montesquieu, l'imprimeur étranger en avoit inséré quelques-unes d'une autre main, et il eût fallu du moins, avant que de condamner l'auteur, démêler ce qui lui appartenoit en propre. Sans égard à ces considérations, d'un côté la haine sous le nom de zèle, de l'autre le zèle sans discernement ou sans lumières, se soulevèrent et se réunirent contre les *Lettres persanes.* Des délateurs, espèce d'hommes dangereuse et lâche, que même dans un gouvernement sage on a quelquefois le malheur d'écouter, alarmèrent par un extrait infidèle la piété du ministère. M. de Montesquieu, par le conseil de ses amis, soutenu de la voix publique, s'étant présenté pour la place de l'Académie françoise vacante par la mort de M. de Sacy, le ministre [1] écrivit à cette compagnie que sa majesté ne donneroit jamais son agrément à l'auteur des *Lettres persanes ;* qu'il n'avoit point lu ce livre, mais que des personnes en qui il avoit confiance lui en avoient fait connoître le poison et le danger. M. de Montesquieu sentit le coup qu'une pareille accusation pouvoit porter à sa personne, à sa famille, à la tranquillité de sa vie. Il n'attachoit pas assez de prix aux honneurs littéraires, ni pour les rechercher avec avidité, ni pour affecter de les dédaigner quand ils se présentoient à lui, ni enfin pour en regarder la simple privation comme un malheur; mais l'exclusion perpétuelle, et surtout les motifs de l'exclusion, lui paroissoient une

[1] M. le cardinal de Fleury.

injure. Il vit le ministre, lui déclara que, par des raisons particulières, il n'avouoit point les *Lettres persanes*, mais qu'il étoit encore plus éloigné de désavouer un ouvrage dont il croyoit n'avoir point à rougir, et qu'il devoit être jugé d'après une lecture, et non sur une délation. Le ministre prit enfin le parti par où il auroit dû commencer; il lut le livre, aima l'auteur, et apprit à mieux placer sa confiance. L'Académie françoise ne fut point privée d'un de ses plus beaux ornements; et la France eut le bonheur de conserver un sujet que la superstition ou la calomnie étoient prêtes à lui faire perdre; car M. de Montesquieu avoit déclaré au gouvernement qu'après l'espéce d'outrage qu'on alloit lui faire, il iroit chercher chez les étrangers, qui lui tendoient les bras, la sûreté, le repos, et peut-être les récompenses qu'il auroit dû espérer dans son pays. La nation eût déploré cette perte, et la honte en fût pourtant retombée sur elle.

Feu M. le maréchal d'Estrées, alors directeur de l'Académie françoise, se conduisit dans cette circonstance en courtisan vertueux et d'une ame vraiment élevée : il ne craignit ni d'abuser de son crédit, ni de le compromettre; il soutint son ami, et justifia Socrate. Ce trait de courage, si précieux aux lettres, si digne d'avoir aujourd'hui des imitateurs, et si honorable à la mémoire de M. le maréchal d'Estrées, n'auroit pas dû être oublié dans son éloge.

M. de Montesquieu fut reçu le 24 janvier 1728. Son discours est un des meilleurs qu'on ait prononcés dans une pareille occasion : le mérite en est d'autant plus grand que les récipiendaires, gênés jusqu'alors par ces formules et ces éloges d'usage auxquels une espèce de prescription les assujettit, n'avoient encore osé franchir ce cercle pour traiter d'autres sujets, ou n'avoient point pensé du moins à les y renfermer. Dans cet état même de contrainte, il eut l'avantage de réussir. Entre plusieurs traits dont brille son discours on reconnoîtroit l'écrivain qui pense, au seul portrait du cardinal de Richelieu, *qui apprit à la France le secret de ses forces, et à l'Espagne celui de sa foiblesse ; qui ôta à l'Allemagne ses chaînes, et lui en donna de nouvelles.* Il faut admirer M. de Montesquieu d'avoir su vaincre la difficulté de son sujet, et pardonner à ceux qui n'ont pas eu le même succès.

Le nouvel académicien étoit d'autant plus digne

de ce titre, qu'il avoit, peu de temps auparavant, renoncé à tout autre travail pour se livrer entièrement à son génie et à son goût. Quelque importante que fût la place qu'il occupoit, avec quelques lumières et quelque intégrité qu'il en eût rempli les devoirs, il sentoit qu'il y avoit des objets plus dignes d'occuper ses talents; qu'un citoyen est redevable à sa nation et à l'humanité de tout le bien qu'il peut leur faire, et qu'il seroit plus utile à l'une et à l'autre en les éclairant par ses écrits, qu'il ne pouvoit l'être en discutant quelques contestations particulières dans l'obscurité. Toutes ces réflexions le déterminèrent à vendre sa charge. Il cessa d'être magistrat, et ne fut plus qu'homme de lettres.

Mais, pour se rendre utile par ses ouvrages aux différentes nations, il étoit nécessaire qu'il les connût. Ce fut dans cette vue qu'il entreprit de voyager. Son but étoit d'examiner par-tout le physique et le moral; d'étudier les lois et la constitution de chaque pays; de visiter les savants, les écrivains, les artistes célèbres; de chercher sur-tout ces hommes rares et singuliers dont le commerce supplée quelquefois à plusieurs années d'observations et de séjour. M. de Montesquieu

eût pu dire comme Démocrite : « Je n'ai rien
« oublié pour m'instruire; j'ai quitté mon pays
« et parcouru l'univers pour mieux connoître la
« vérité; j'ai vu tous les personnages illustres de
« mon temps. » Mais il y eut cette différence entre
le Démocrite françois et celui d'Abdère, que le
premier voyageoit pour instruire les hommes,
et le second pour s'en moquer.

Il alla d'abord à Vienne, où il vit souvent le
célèbre prince Eugène. Ce héros, si funeste à la
France (à laquelle il auroit pu être si utile), après
avoir balancé la fortune de Louis XIV et humi-
lié la fierté ottomane, vivoit sans faste durant
la paix, aimant et cultivant les lettres dans une
cour où elles sont peu en honneur [1], et donnant
à ses maîtres l'exemple de les protéger. M. de
Montesquieu crut entrevoir dans ses discours quelques restes d'intérêt pour son ancienne patrie.
Le prince Eugène [2] en laissoit voir sur-tout, au-

---

[1] Quelques Allemands ont pris, très mal à propos, ces
paroles pour une injure. L'amour des hommes est un devoir dans les princes : l'amour des lettres est un goût qu'il
leur est permis de ne pas avoir. (*Note de d'Alembert.*)

[2] Le prince Eugène lui demanda un jour en quel état

tant que le peut faire un ennemi, sur les suites funestes de cette division intestine qui trouble depuis si long-temps l'église de France : l'homme d'état en prévoyoit la durée et les effets, et les prédit au philosophe.

M. de Montesquieu partit de Vienne pour voir la Hongrie, contrée opulente et fertile, habitée par une nation fière et généreuse, le fléau de ses tyrans et l'appui de ses souverains. Comme peu de personnes connoissent bien ce pays, il a écrit avec soin cette partie de ses voyages.

D'Allemagne il passa en Italie. Il vit à Venise le fameux Law, à qui il ne restoit de sa grandeur passée que des projets heureusement destinés à mourir dans sa tête, et un diamant qu'il engageoit pour jouer aux jeux de hasard. Un jour la conversation rouloit sur le fameux système que

étoient les affaires de la constitution en France. M. de Montesquieu lui répondit que le ministère prenoit des mesures pour éteindre peu à peu le jansénisme, et que dans quelques années il n'en seroit plus question. « Vous « n'en sortirez jamais, dit le prince : le feu roi s'est laissé « engager dans une affaire dont son arrière-petit-fils ne « verra pas la fin. » (Éloge manuscrit de M. de Montesquieu, par M. de Secondat, son fils.)

Law avoit inventé, époque de tant de malheurs et de fortunes, et sur-tout d'une dépravation remarquable dans nos mœurs. Comme le parlement de Paris, dépositaire immédiat des lois dans les temps de minorité, avoit fait éprouver au ministre écossois quelque résistance dans cette occasion, M. de Montesquieu lui demanda pourquoi on n'avoit pas essayé de vaincre cette résistance par un moyen presque toujours infaillible en Angleterre, par le grand mobile des actions des hommes, en un mot par l'argent. « Ce ne sont « pas, répondit Law, des génies aussi ardents « et aussi dangereux que mes compatriotes; mais « ils sont beaucoup plus incorruptibles. » Nous ajouterons, sans aucun préjugé de vanité nationale, qu'un corps libre pour quelques instants doit mieux résister à la corruption que celui qui l'est toujours; le premier, en vendant sa liberté, la perd; le second ne fait pour ainsi dire que la prêter, et l'exerce même en l'engageant. Ainsi les circonstances et la nature du gouvernement font les vices et les vertus des nations.

Un autre personnage, non moins fameux, que M. de Montesquieu vit encore plus souvent à Venise, fut le comte de Bonneval. Cet homme, si connu par ses aventures, qui n'étoient pas encore à leur terme, et flatté de converser avec un juge digne de l'entendre, lui faisoit avec plaisir le détail singulier de sa vie, le récit des actions militaires où il s'étoit trouvé, le portrait des généraux et des ministres qu'il avoit connus. M. de Montesquieu se rappeloit souvent ces conversations, et en racontoit différents traits à ses amis.

Il alla de Venise à Rome. Dans cette ancienne capitale du monde, qui l'est encore à certains égards, il s'appliqua sur-tout à examiner ce qui la distingue aujourd'hui le plus; les ouvrages des Raphaël, des Titien, et des Michel-Ange. Il n'avoit point fait une étude particulière des beaux-arts; mais l'expression dont brillent les chefs-d'œuvre en ce genre saisit infailliblement tout homme de génie. Accoutumé à étudier la nature, il la reconnoit quand elle est imitée, comme un portrait ressemblant frappe tous ceux à qui l'original est familier. Malheur aux productions de l'art dont toute la beauté n'est que pour les artistes!

Après avoir parcouru l'Italie, M. de Montesquieu vint en Suisse. Il examina soigneusement

il les vastes pays arrosés par le Rhin. Et il ne lui
resta plus rien à voir en Allemagne, car Frédéric
ne régnoit pas encore. Il s'arrêta ensuite quelque
temps dans les Provinces-Unies, monument admirable de ce que peut l'industrie humaine ani-
mée par l'amour de la liberté. Enfin il se rendit
en Angleterre, où il demeura deux ans. Digne
de voir et d'entretenir les plus grands hommes,
il n'eut à regretter que de n'avoir pas fait plus
tôt ce voyage. Locke et Newton étoient morts.
Mais il eut souvent l'honneur de faire sa cour à
leur protectrice, la célèbre reine d'Angleterre,
qui cultivoit la philosophie sur le trône, et qui
goûta, comme elle le devoit, M. de Montesquieu.
Il ne fut pas moins accueilli par la nation, qui
n'avoit pas besoin sur cela de prendre le ton de
ses maîtres. Il forma à Londres des liaisons in-
times avec des hommes exercés à méditer et à
se préparer aux grandes choses par des études
profondes. Il s'instruisit avec eux de la nature du
gouvernement, et parvint à le bien connoître.
Nous parlons ici d'après les témoignages publics
que lui en ont rendus les Anglois eux-mêmes,
si jaloux de nos avantages, et si peu disposés à
reconnoître en nous aucune supériorité.

2.

Comme il n'avoit rien examiné ni avec la prévention d'un enthousiaste ni avec l'austérité d'un cynique, il n'avoit remporté de ses voyages, ni un dédain outrageant pour les étrangers, ni un mépris encore plus déplacé pour son propre pays. Il résultoit de ses observations que l'Allemagne étoit faite pour y voyager, l'Italie pour y séjourner, l'Angleterre pour y penser, et la France pour y vivre.

De retour enfin dans sa patrie, M. de Montesquieu se retira pendant deux ans à sa terre de la Brède. Il y jouit en paix de cette solitude que le spectacle et le tumulte du monde servent à rendre plus agréable : il vécut avec lui-même, après en être sorti si long-temps; et, ce qui nous intéresse le plus, il mit la dernière main à son ouvrage sur *les Causes de la Grandeur et de la Décadence des Romains*, qui parut en 1734.

Les empires, ainsi que les hommes, doivent croître, dépérir, et s'éteindre. Mais cette révolution nécessaire a souvent des causes cachées que la nuit des temps nous dérobe, et que le mystère ou leur petitesse apparente a même quelquefois voilées aux yeux des contemporains. Rien ne ressemble plus sur ce point à l'histoire moderne que l'histoire ancienne. Celle des Romains mérite néanmoins à cet égard quelque exception : elle présente une politique raisonnée, un système suivi d'agrandissement qui ne permet pas d'attribuer la fortune de ce peuple à des ressorts obscurs et subalternes. Les causes de la grandeur romaine se trouvent donc dans l'histoire; et c'est au philosophe à les y découvrir. D'ailleurs il n'en est pas des systèmes dans cette étude comme dans celle de la physique. Ceux-ci sont presque toujours précipités, parcequ'une observation nouvelle et imprévue peut les renverser en un instant; au contraire, quand on recueille avec soin les faits que nous transmet l'histoire ancienne d'un pays, si on ne rassemble pas toujours tous les matériaux qu'on peut desirer, on ne sauroit du moins espérer d'en avoir un jour davantage. L'étude réfléchie de l'histoire, étude si importante et si difficile, consiste à combiner de la manière la plus parfaite ces matériaux défectueux : tel seroit le mérite d'un architecte qui, sur des ruines savantes, traceroit de la manière la plus vraisemblable le plan d'un édifice antique en suppléant par le génie et par d'heureuses conjectures à des restes informes et tronqués.

C'est sous ce point de vue qu'il faut envisager l'ouvrage de M. de Montesquieu. Il trouve les causes de la grandeur des Romains dans l'amour de la liberté, du travail, et de la patrie, qu'on leur inspiroit dès l'enfance; dans la sévérité de la discipline militaire; dans ces dissentions intestines qui donnoient du ressort aux esprits, et qui cessoient tout-à-coup à la vue de l'ennemi; dans cette constance après le malheur, qui ne désespéroit jamais de la république; dans le principe où ils furent toujours de ne faire jamais la paix qu'après des victoires; dans l'honneur du triomphe, sujet d'émulation pour les généraux; dans la protection qu'ils accordoient aux peuples révoltés contre leurs rois; dans l'excellente politique de laisser aux vaincus leurs dieux et leurs coutumes; dans celle de n'avoir jamais deux puissants ennemis sur les bras, et de tout souffrir de l'un jusqu'à ce qu'ils eussent anéanti l'autre. Il trouve les causes de leur décadence dans l'agrandissement même de l'état, qui changea en guerres civiles les tumultes populaires; dans les guerres éloignées, qui, forçant les citoyens à une trop longue absence, leur faisoient perdre insensiblement l'esprit républicain; dans le droit de bour-

geoisie accordé à tant de nations, et qui ne fit
plus du peuple romain qu'une espèce de monstre
à plusieurs têtes; dans la corruption introduite
par le luxe de l'Asie; dans les proscriptions de
Sylla, qui avilirent l'esprit de la nation et la pré-
parèrent à l'esclavage; dans la nécessité où les
Romains se trouvèrent de souffrir des maîtres
lorsque leur liberté leur fut devenue à charge;
dans l'obligation où ils furent de changer de
maximes en changeant de gouvernement; dans
cette suite de monstres qui régnèrent, presque
sans interruption, depuis Tibère jusqu'à Nerva,
et depuis Commode jusqu'à Constantin; enfin
dans la translation et le partage de l'empire, qui
périt d'abord en Occident par la puissance des
barbares, et qui, après avoir langui plusieurs
siècles en Orient sous des empereurs imbéciles
ou féroces, s'anéantit insensiblement, comme
ces fleuves qui disparoissent dans des sables.

Un assez petit volume a suffi à M. de Montesquieu pour développer un tableau si intéressant
et si vaste. Comme l'auteur ne s'appesantit point
sur les détails et ne saisit que les branches fécondes de son sujet, il a su renfermer en très
peu d'espace un grand nombre d'objets distincte-

ment aperçus et rapidement présentés, sans fatigue pour le lecteur. En laissant beaucoup voir, il laisse encore plus à penser ; et il auroit pu intituler son livre, *Histoire romaine à l'usage des hommes d'état et des philosophes.*

Quelque réputation que M. de Montesquieu se fût acquise par ce dernier ouvrage et par ceux qui l'avoient précédé, il n'avoit fait que se frayer le chemin à une plus grande entreprise, à celle qui doit immortaliser son nom et le rendre respectable aux siècles futurs. Il en avoit dès long-temps formé le dessein : il en médita pendant vingt ans l'exécution ; ou, pour parler plus exactement, toute sa vie en avoit été la méditation continuelle. D'abord il s'étoit fait en quelque façon étranger dans son propre pays, afin de le mieux connoître ; il avoit ensuite parcouru toute l'Europe et profondément étudié les différents peuples qui l'habitent. L'île fameuse qui se glorifie tant de ses lois et qui en profite si mal avoit été pour lui, dans ce long voyage, ce que l'île de Crète fut autrefois pour Lycurgue, une école où il avoit su s'instruire sans tout approuver. Enfin il avoit, si on peut parler ainsi, interrogé et jugé les nations et les hommes célèbres qui n'existent plus aujourd'hui que dans les annales du monde. Ce fut ainsi qu'il s'éleva par degrés au plus beau titre qu'un sage puisse mériter, celui de législateur des nations.

S'il étoit animé par l'importance de la matière, il étoit effrayé en même temps par son étendue : il l'abandonna, et y revint à plusieurs reprises. Il sentit plus d'une fois, comme il l'avoue lui-même, tomber les mains paternelles. Encouragé enfin par ses amis, il ramassa toutes ses forces, et donna l'*Esprit des Lois*.

Dans cet important ouvrage, M. de Montesquieu, sans s'appesantir, à l'exemple de ceux qui l'ont précédé, sur des discussions métaphysiques relatives à l'homme supposé dans un état d'abstraction, sans se borner, comme d'autres, à considérer certains peuples dans quelques relations ou circonstances particulières, envisage les habitants de l'univers dans l'état réel où ils sont et dans tous les rapports qu'ils peuvent avoir entre eux. La plupart des autres écrivains en ce genre sont presque toujours ou de simples moralistes, ou de simples jurisconsultes, ou même quelquefois de simples théologiens. Pour lui, l'homme de tous les pays et de toutes les nations, il s'occupe moins de ce que le devoir exige de nous, que des moyens par lesquels on peut nous obliger de le remplir; de la perfection métaphysique des lois, que de celle dont la nature humaine les rend susceptibles; des lois qu'on a faites, que de celles qu'on a dû faire; des lois d'un peuple particulier, que de celles de tous les peuples. Ainsi, en se comparant lui-même à ceux qui ont couru avant lui cette grande et noble carrière, il a pu dire, comme le Corrège quand il eut vu les ouvrages de ses rivaux, *Et moi aussi je suis peintre.*

Rempli et pénétré de son objet, l'auteur de *l'Esprit des Lois* y embrasse un si grand nombre de matières, et les traite avec tant de briéveté et de profondeur, qu'une lecture assidue et méditée peut seule faire sentir le mérite de ce livre. Elle servira sur-tout, nous osons le dire, à faire disparoître le prétendu défaut de méthode dont quelques lecteurs ont accusé M. de Montesquieu; avantage qu'ils n'auroient pas dû le taxer légèrement d'avoir négligé dans une matière philosophique, et dans un ouvrage de vingt années. Il faut distinguer le désordre réel de celui qui n'est qu'apparent. Le désordre est réel quand l'analogie et la suite des idées n'est point observée ; quand les conclusions sont érigées en principes, ou les précèdent ; quand le lecteur, après des détours sans nombre, se retrouve au point d'où il est parti. Le désordre n'est qu'apparent, quand l'auteur, mettant à leur véritable place les idées dont il fait usage, laisse à suppléer aux lecteurs les idées intermédiaires. Et c'est ainsi que M. de Montesquieu a cru pouvoir et devoir en user dans un livre destiné à des hommes qui pensent, dont le génie doit suppléer à des omissions volontaires et raisonnées.

L'ordre qui se fait apercevoir dans les grandes parties de l'*Esprit des Lois* ne règne pas moins dans les détails : nous croyons que plus on approfondira l'ouvrage, plus on en sera convaincu. Fidèle à ses divisions générales, l'auteur rapporte à chacune les objets qui lui appartiennent exclusivement ; et à l'égard de ceux qui par différentes branches appartiennent à plusieurs divisions à-la-fois, il a placé sous chaque division la branche qui lui appartient en propre. Par là on aperçoit aisément et sans confusion l'influence que les différentes parties du sujet ont les unes sur les autres, comme dans un arbre ou système bien

entendu des connoissances humaines on peut
voir le rapport mutuel des sciences et des arts.
Cette comparaison d'ailleurs est d'autant plus
juste qu'il en est du plan qu'on peut se faire dans
l'examen philosophique des lois, comme de l'ordre
qu'on peut observer dans un arbre encyclopé-
dique des sciences : il y restera toujours de l'arbitraire; et tout ce qu'on peut exiger de l'auteur,
c'est qu'il suive sans détour et sans écart le système qu'il s'est une fois formé.

Nous dirons de l'obscurité qu'on peut se permettre dans un tel ouvrage, la même chose que
du défaut d'ordre : ce qui seroit obscur pour les
lecteurs vulgaires ne l'est pas pour ceux que l'auteur a eus en vue. D'ailleurs l'obscurité volontaire
n'en est point une. M. de Montesquieu, ayant
à présenter quelquefois des vérités importantes
dont l'énoncé absolu et direct auroit pu blesser
sans fruit, a eu la prudence louable de les enve-
lopper, et, par cet innocent artifice, les a voilées
à ceux à qui elles seroient nuisibles, sans qu'elles
fussent perdues pour les sages.

Parmi les ouvrages qui lui ont fourni des secours et quelquefois des vues pour le sien, on
voit qu'il a sur-tout profité des deux historiens

qui ont pensé le plus, Tacite et Plutarque. Mais,
quoiqu'un philosophe qui a fait ces deux lectures
soit dispensé de beaucoup d'autres, il n'avoit
pas cru devoir en ce genre rien négliger ni dédaigner de ce qui pouvoit être utile à son objet.
La lecture que suppose l'*Esprit des Lois* est immense; et l'usage raisonné que l'auteur a fait de
cette multitude prodigieuse de matériaux paroîtra
encore plus surprenant quand on saura qu'il étoit
presque entièrement privé de la vue et obligé d'a-
voir recours à des yeux étrangers. Cette vaste
lecture contribue non-seulement à l'utilité, mais
à l'agrément de l'ouvrage. Sans déroger à la majesté de son sujet, M. de Montesquieu sait en
tempérer l'austérité, et procurer aux lecteurs des
moments de repos, soit par des faits singuliers et
peu connus, soit par des allusions délicates, soit
par ces coups de pinceau énergiques et brillants
qui peignent d'un seul trait les peuples et les
hommes.

Enfin, car nous ne voulons pas jouer ici le
rôle des commentateurs d'Homère, il y a sans
doute des fautes dans l'*Esprit des Lois*, comme
il y en a dans tout ouvrage de génie dont l'auteur
a le premier osé se frayer des routes nouvelles.

M. de Montesquieu a été parmi nous pour l'étude des lois ce que Descartes a été pour la philosophie : il éclaire souvent, et se trompe quelquefois ; et en se trompant même il instruit ceux qui savent lire. La nouvelle édition qu'on prépare [1] montrera, par les additions et corrections qu'il y a faites, que, s'il est tombé de temps en temps, il a su le reconnoître et se relever. Par là il acquerra du moins le droit à un nouvel examen dans les endroits où il n'aura pas été de l'avis de ses censeurs ; peut-être même ce qu'il aura jugé le plus digne de correction leur a-t-il absolument échappé, tant l'envie de nuire est ordinairement aveugle !

Mais ce qui est à la portée de tout le monde dans l'*Esprit des Lois*, ce qui doit rendre l'auteur cher à toutes les nations, ce qui serviroit même à couvrir des fautes plus grandes que les siennes, c'est l'esprit de citoyen qui l'a dicté : l'amour du bien public, le desir de voir les hommes heureux, s'y montrent de toutes parts ; et, n'eût-il que ce mérite si rare et si précieux, il seroit

---

[1] Probablement celle de 1758, en 3 vol. in-4°, la première des œuvres complètes.

digne, par cet endroit seul, d'être la lecture des peuples et des rois. Nous voyons déjà par une heureuse expérience que les fruits de cet ouvrage ne se bornent pas dans ses lecteurs à des sentiments stériles. Quoique M. de Montesquieu ait peu survécu à la publication de l'*Esprit des Lois*, il a eu la satisfaction d'entrevoir les effets qu'il commence à produire parmi nous; l'amour naturel des François pour leur patrie tourné vers son véritable objet; ce goût pour le commerce, pour l'agriculture et pour les arts utiles, qui se répand insensiblement dans notre nation; cette lumière générale sur les principes du gouvernement qui rend les peuples plus attachés à ce qu'ils doivent aimer. Ceux qui ont si indécemment attaqué cet ouvrage lui doivent peut-être plus qu'ils ne s'imaginent. L'ingratitude au reste est le moindre reproche qu'on ait à leur faire. Ce n'est pas sans regret et sans honte pour notre siècle que nous allons les dévoiler, mais cette histoire importe trop à la gloire de M. de Montesquieu et à l'avantage de la philosophie pour être passée sous silence. Puisse l'opprobre qui couvre enfin ses ennemis leur devenir salutaire!

A peine l'*Esprit des Lois* parut-il, qu'il fut

recherché avec empressement sur la réputation
de l'auteur : mais, quoique M. de Montesquieu
eût écrit pour le bien du peuple, il ne devoit pas
avoir le peuple pour juge ; la profondeur de l'objet étoit une suite de son importance même. Cependant les traits qui étoient répandus dans l'ouvrage, et qui auroient été déplacés s'ils n'étoient
pas nés du fond du sujet, persuadèrent à trop de
personnes qu'il étoit écrit pour elles. On cherchoit un livre agréable, et on ne trouvoit qu'un
livre utile, dont on ne pouvoit d'ailleurs sans
quelque attention saisir l'ensemble et les détails.
On traita légèrement l'*Esprit des Lois* ; le titre
même fut un sujet de plaisanterie [1] ; enfin, l'un des
plus beaux monuments littéraires qui soient sor-
tis de notre nation fut regardé d'abord par elle
avec assez d'indifférence. Il fallut que les véritables juges eussent eu le temps de lire : bientôt
ils ramenèrent la multitude, toujours prompte à
changer d'avis. La partie du public qui enseigne
dicta à la partie qui écoute ce qu'elle devoit penser et dire ; et le suffrage des hommes éclairés,

[1] M. de Montesquieu, disoit-on, devoit intituler son
livre, *de l'Esprit sur les Lois.*

se joint aux échos qui le répétèrent, ne forma plus qu'une voix dans toute l'Europe.

Ce fut alors que les ennemis publics et secrets des lettres et de la philosophie (car elles en ont de ces deux espèces) réunirent leurs traits contre l'ouvrage. De là cette foule de brochures qui lui furent lancées de toutes parts, et que nous ne tirerons pas de l'oubli où elles sont déja plongées. Si leurs auteurs n'avoient pris de bonnes mesures pour être inconnus à la postérité, elle croiroit que l'*Esprit des Lois* a été écrit au milieu d'un peuple de barbares.

M. de Montesquieu méprisa sans peine les critiques ténébreuses de ces auteurs sans talent, qui, soit par une jalousie qu'ils n'ont pas droit d'avoir, soit pour satisfaire la malignité du public, qui aime la satire et la méprise, outragent ce qu'ils ne peuvent atteindre, et, plus odieux par le mal qu'ils veulent faire que redoutables par celui qu'ils font, ne réussissent pas même dans un genre d'écrire que sa facilité et son objet rendent également vil. Il mettoit les ouvrages de cette espèce sur la même ligne que ces nouvelles hebdomadaires de l'Europe, dont les éloges sont sans autorité et les traits sans effet, que des lecteurs oisifs parcourent sans y ajouter foi, et dans lesquelles les souverains sont insultés sans le savoir, ou sans daigner se venger. Il ne fut pas aussi indifférent sur les principes d'irréligion qu'on l'accusa d'avoir semés dans l'*Esprit des Lois*. En méprisant de pareils reproches il auroit cru les mériter, et l'importance de l'objet lui ferma les yeux sur la valeur de ses adversaires. Ces hommes, également dépourvus de zèle, et également empressés d'en faire paroître, également effrayés de la lumière que les lettres répandent, non au préjudice de la religion, mais à leur désavantage, avoient pris différentes formes pour lui porter atteinte. Les uns, par un stratagème aussi puéril que pusillanime, s'étoient écrit à eux-mêmes; les autres, après l'avoir déchiré sous le masque de l'anonyme, s'étoient ensuite déchirés entre eux à son occasion. M. de Montesquieu, quoique jaloux de les confondre, ne jugea pas à propos de perdre un temps précieux à les combattre les uns après les autres; il se contenta de faire un exemple sur celui qui s'étoit le plus signalé par ses excès.

C'étoit l'auteur d'une feuille anonyme et périodique, qui croit avoir succédé à Pascal parcequ'il a succédé à ses opinions; panégyriste d'ouvrages que personne ne lit, et apologiste de miracles que l'autorité séculière a fait cesser dès qu'elle l'a voulu; qui appelle impiété et scandale le peu d'intérêt que les gens de lettres prennent à ses querelles, et s'est aliéné, par une adresse digne de lui, la partie de la nation qu'il avoit le plus d'intérêt de ménager. Les coups de ce redoutable athlète furent dignes des vues qui l'inspirèrent: il accusa M. de Montesquieu de spinosisme et de déisme (deux imputations incompatibles); d'avoir suivi le système de Pope (dont il n'y avoit pas un mot dans l'ouvrage); d'avoir cité Plutarque, qui n'est pas un auteur chrétien; de n'avoir point parlé du péché originel et de la grace. Il prétendit enfin que l'*Esprit des Lois* étoit une production de la constitution *Unigenitus*; idée qu'on nous soupçonnera peut-être de prêter par dérision au critique. Ceux qui ont connu M. de Montesquieu, l'ouvrage de Clément XI et le sien, peuvent juger, par cette accusation, de toutes les autres.

Le malheur de cet écrivain dut bien le décourager: il vouloit perdre un sage par l'endroit le plus sensible à tout citoyen; il ne fit que lui procurer une nouvelle gloire, comme homme de lettres. La *Défense de l'Esprit des Lois* parut. Cet ouvrage, par la modération, la vérité, la finesse de plaisanterie qui y règnent, doit être regardé comme un modèle en ce genre. M. de Montesquieu, chargé par son adversaire d'imputations atroces, pouvoit le rendre odieux sans peine : il fit mieux, il le rendit ridicule. S'il faut tenir compte à l'agresseur d'un bien qu'il a fait sans le vouloir, nous lui devons une éternelle reconnoissance de nous avoir procuré ce chef-d'œuvre. Mais ce qui ajoute encore au mérite de ce morceau précieux, c'est que l'auteur s'y est peint lui-même sans y penser ; ceux qui l'ont connu croient l'entendre ; et la postérité s'assurera, en lisant sa *Défense*, que sa conversation n'étoit pas inférieure à ses écrits ; éloge que bien peu de grands hommes ont mérité.

Une autre circonstance lui assure pleinement l'avantage dans cette dispute. Le critique, qui, pour preuve de son attachement à la religion, en déchire les ministres, accusoit hautement le clergé de France, et sur-tout la faculté de théologie, d'indifférence pour la cause de Dieu, en ce qu'ils ne proscrivoient pas authentiquement un si pernicieux ouvrage. La faculté étoit en droit de mépriser le reproche d'un écrivain sans aveu ; mais il s'agissoit de la religion ; une délicatesse louable lui a fait prendre le parti d'examiner l'*Esprit des Lois.* Quoiqu'elle s'en occupe depuis plusieurs années, elle n'a rien prononcé jusqu'ici ; et, fût-il échappé à M. de Montesquieu quelques inadvertances légères, presque inévitables dans une carrière si vaste, l'attention longue et scrupuleuse qu'elles auroient demandée de la part du corps le plus éclairé de l'église prouveroit au moins combien elles seroient excusables. Mais ce corps plein de prudence ne précipitera rien dans une si importante matière. Il connoît les bornes de la raison et de la foi : il sait que l'ouvrage d'un homme de lettres ne doit point être examiné comme celui d'un théologien ; que les mauvaises conséquences auxquelles une proposition peut donner lieu par des interprétations odieuses ne rendent point blâmable la proposition en elle-même ; que d'ailleurs nous vivons dans un siècle malheureux où les intérêts de la religion ont besoin d'être ménagés, et qu'on peut lui nuire auprès des simples en répandant mal à propos sur des génies du premier ordre le soupçon d'incrédulité ; qu'enfin, malgré cette ac-

cusation injuste, M. de Montesquieu fut toujours
estimé, recherché et accueilli, par tout ce que
l'église a de plus respectable et de plus grand.
Eût-il conservé auprès des gens de bien la considération dont il jouissoit, s'ils l'eussent regardé
comme un écrivain dangereux ?

Pendant que les insectes le tourmentoient dans
son propre pays, l'Angleterre élevoit un monument à sa gloire. En 1752, M. Dassier, célèbre
par les médailles qu'il a frappées à l'honneur de
plusieurs hommes illustres, vint de Londres à
Paris pour frapper la sienne. M. de La Tour, cet
artiste supérieur par son talent, et si estimable
par son désintéressement et l'élévation de son ame,
avoit ardemment desiré de donner un nouveau
lustre à son pinceau en transmettant à la postérité le portrait de l'auteur de l'*Esprit des Lois* ;
il ne vouloit que la satisfaction de le peindre ;
et il méritoit, comme Apelle, que cet honneur
lui fût réservé : mais M. de Montesquieu, d'autant plus avare du temps de M. de La Tour que
celui-ci en étoit plus prodigue, se refusa constamment et poliment à ses pressantes sollicitations.
M. Dassier essuya d'abord des difficultés semblables. « Croyez-vous, dit-il enfin à M. de Mon-

« tesquieu, qu'il n'y ait pas autant d'orgueil à
« refuser ma proposition qu'à l'accepter? » Dé-
sarmé par cette plaisanterie, il laissa faire à
M. Dassier tout ce qu'il voulut.

L'auteur de l'*Esprit des Lois* jouissoit enfin pai-
siblement de sa gloire, lorsqu'il tomba malade
au commencement de février. Sa santé, naturellement délicate, commençoit à s'altérer depuis
long-temps par l'effet lent et presque infaillible
des études profondes, par les chagrins qu'on avoit
cherché à lui susciter sur son ouvrage, enfin par le
genre de vie qu'on le forçoit de mener à Paris,
et qu'il sentoit lui être funeste. Mais l'empressement avec lequel on recherchoit sa société étoit
trop vif pour n'être pas quelquefois indiscret;
on vouloit sans s'en apercevoir jouir de lui aux
dépens de lui-même. A peine la nouvelle du danger où il étoit se fut-elle répandue, qu'elle de-
vint l'objet des conversations et de l'inquiétude
publique. Sa maison ne désemplissoit point de
personnes de tout rang qui venoient s'informer
de son état, les unes par un intérêt véritable, les
autres pour s'en donner l'apparence, ou pour
suivre la foule. Sa majesté, pénétrée de la perte
que son royaume alloit faire, en demanda plu-

sieurs fois des nouvelles : témoignage de bonté
et de justice qui n'honore pas moins le monarque
que le sujet. La fin de M. de Montesquieu ne fut
point indigne de sa vie. Accablé de douleurs
cruelles, éloigné d'une famille à qui il étoit cher,
et qui n'a pas eu la consolation de lui fermer les
yeux, entouré de quelques amis et d'un plus
grand nombre de spectateurs, il conserva jusqu'au dernier moment la paix et l'égalité de son
ame. Enfin, après avoir satisfait avec décence à
tous ses devoirs, plein de confiance en l'Être
éternel auquel il alloit se rejoindre, il mourut
avec la tranquillité d'un homme de bien qui n'a-
voit jamais consacré ses talents qu'à l'avantage
de la vertu et de l'humanité. La France et l'Europe le perdirent le 10 février 1755, à l'âge de
soixante-six ans révolus.

Toutes les nouvelles publiques ont annoncé cet
évènement comme une calamité. On pourroit appliquer à M. de Montesquieu ce qui a été dit autrefois d'un illustre Romain, que personne, en
apprenant sa mort, n'en témoigna de joie, que
personne même ne l'oublia dès qu'il ne fut plus.
Les étrangers s'empressèrent de faire éclater leurs
regrets ; et mylord Chesterfield, qu'il suffit de

ne nommer, fit imprimer dans un des papiers publics de Londres un article en son honneur, article digne de l'un et de l'autre : c'est le portrait
d'Anaxagore tracé par Périclès [1]. L'académie

1 Voici cet éloge en anglois, tel qu'on le lit dans la
gazette appelée *Evening-Post*, ou *Poste du soir :*

« On the 10th of this month, died at Paris, universally
« and sincerely regretted, Charles Secondat, baron of Mon-
« tesquieu, and president a mortier of the parliament of
« Bourdeaux. His virtues did honour to human nature, his
« writings to justice. A friend to mankind, he asserted their
« undoubted and inalienable rights, with freedom, even in
« his own country, whose prejudices in matters of religion
« and government he had long lamented, and endeavoured
« (not without some success) to remove. He well knew,
« and justly admired, the happy constitution of this
« country, where fixed and known laws equally restrain
« monarchy from tyranny, and liberty from licentiousness.
« His works will illustrate his name, and survive him as
« long as right reason, moral obligations, and the true
« spirit of laws, shall be understood, respected, and
« maintained. » C'est-à-dire :

Le 10 de février est mort à Paris, universellement et
sincèrement regretté, Charles de Secondat, baron de
Montesquieu, président à mortier au parlement de Bordeaux. Ses vertus ont fait honneur à la nature humaine

royale des sciences et des belles-lettres de Prusse,
quoiqu'on n'y soit pas dans l'usage de prononcer
l'éloge des associés étrangers, a cru devoir lui
faire cet honneur, qu'elle n'a fait encore qu'à
l'illustre Jean Bernouilli. M. de Maupertuis, tout
malade qu'il étoit, a rendu lui-même à son ami
ce dernier devoir, et n'a voulu se reposer sur
personne d'un soin si cher et si triste. A tant de
suffrages éclatants en faveur de M. de Montesquieu, nous croyons pouvoir joindre sans indis-
crétion les éloges que lui a donnés en présence

et ses écrits à la législation. Ami de l'humanité, il en
soutint avec force et avec vérité les droits indubitables et
inaliénables ; et il l'osa dans son propre pays, dont les
préjugés , en matière de religion et de gouvernement, ont
excité pendant long-temps ses gémissements. Il entreprit
de les détruire ; et ses efforts ont eu quelque succès. (Il
faut se ressouvenir que c'est un Anglois qui parle.) Il
connoissoit parfaitement bien et admiroit avec justice
l'heureux gouvernement de ce pays , dont les lois, fixes
et connues, sont un frein contre la monarchie qui tendroit
à la tyrannie, et contre la liberté qui dégénéreroit en licence. Ses ouvrages rendront son nom célèbre, et lui sur-
vivront aussi long-temps que la droite raison, les obligations morales, et le vrai esprit des lois, seront entendus ,
respectés , et conservés. (*Note de d'Alembert.*)

de l'un de nous le monarque même auquel cette académie célèbre doit son lustre ; prince fait pour sentir les pertes de la philosophie et pour l'en consoler.

Le 17 février, l'académie françoise lui fit selon l'usage un service solennel, auquel, malgré la rigueur de la saison, presque tous les gens de lettres de ce corps qui n'étoient point absents de Paris se firent un devoir d'assister. On auroit dû, dans cette triste cérémonie, placer l'*Esprit des Lois* sur son cercueil, comme on exposa autrefois vis-à-vis le cercueil de Raphaël son dernier tableau de la Transfiguration. Cet appareil simple et touchant eût été une belle oraison funèbre.

Jusqu'ici nous n'avons considéré M. de Montesquieu que comme écrivain et philosophe : ce seroit lui dérober la moitié de sa gloire que de passer sous silence ses agréments et ses qualités personnelles.

Il étoit, dans le commerce, d'une douceur et d'une gaieté toujours égales. Sa conversation étoit légère, agréable et instructive, par le grand nombre d'hommes et de peuples qu'il avoit connus ; elle étoit coupée comme son style, pleine de sel et de saillies, sans amertume et sans satire. Per-

somme ne racontoit plus vivement, plus promptè-
ment, avec plus de grace et moins d'apprêt. Il
savoit que la fin d'une histoire plaisante en est
toujours le but; il se hâtoit donc d'y arriver, et
produisoit l'effet sans l'avoir promis.

Ses fréquentes distractions ne le rendoient que
plus aimable; il en sortoit toujours par quelque
trait inattendu qui réveilloit la conversation lan-
guissante : d'ailleurs elles n'étoient jamais ni
jouées, ni choquantes, ni importunes. Le feu de
son esprit, le grand nombre d'idées dont il étoit
plein, les faisoient naître : mais il n'y tomboit jamais au milieu d'un entretien intéressant ou sérieux; le desir de plaire à ceux avec qui il se
trouvoit le rendoit alors à eux sans affectation et
sans effort.

Les agréments de son commerce tenoient non-
seulement à son caractère et à son esprit, mais
à l'espèce de régime qu'il observoit dans l'étude.
Quoique capable d'une méditation profonde et
long-temps soutenue, il n'épuisoit jamais ses
forces; il quittoit toujours le travail avant que
d'en ressentir la moindre impression de fatigue [1].

---

[1] L'auteur de la feuille anonyme et périodique dont

Il étoit sensible à la gloire ; mais il ne vouloit y parvenir qu'en la méritant. Jamais il n'a cherché à augmenter la sienne par ces manœuvres sourdes, par ces voies obscures et honteuses, qui déshonorent la personne sans ajouter au nom de l'auteur.

Digne de toutes les distinctions et de toutes les récompenses, il ne demandoit rien et ne s'étonnoit point d'être oublié : mais il a osé, même dans des circonstances délicates, protéger à la cour des hommes de lettres persécutés, célebres, et malheureux, et leur a obtenu des graces.

nous avons parlé ci-dessus prétend trouver une contradiction manifeste entre ce que nous disons ici et ce que nous avons dit un peu plus haut, que la santé de M. de Montesquieu s'étoit altérée par l'effet lent et presque infaillible des études profondes. Mais pourquoi, en rapprochant les deux endroits, a-t-il supprimé les mots LENT ET PRESQUE INFAILLIBLE, qu'il avoit sous les yeux ? C'est evidemment parcequ'il a senti qu'un effet lent n'est pas moins réel pour n'être pas senti sur-le-champ, et que par conséquent ces mots détruisoient l'apparence de la contradiction qu'on prétendoit faire remarquer. Telle est la bonne foi de cet auteur dans des bagatelles, et à plus forte raison dans des matières plus sérieuses. (*Note tirée de l'avertissement du sixieme volume de l'Encyclopédie.*)

Quoiqu'il vécût avec les grands, soit par nécessité, soit par convenance, soit par goût, leur
société n'étoit pas nécessaire à son bonheur. Il
fuyoit dès qu'il le pouvoit à sa terre : il y retrouvoit avec joie sa philosophie, ses livres, et le
repos. Entouré de gens de la campagne, dans ses
heures de loisir, après avoir étudié l'homme dans
le commerce du monde et dans l'histoire des
nations, il l'étudioit encore dans ces ames simples que la nature seule a instruites, et il y trouvoit à apprendre : il conversoit gaiement avec
eux ; il leur cherchoit de l'esprit, comme Socrate ; il paroissoit se plaire autant dans leur
entretien que dans les sociétés les plus brillantes,
sur-tout quand il terminoit leurs différents, et
soulageoit leurs peines par ses bienfaits.

Rien n'honore plus sa mémoire que l'économie
avec laquelle il vivoit, et qu'on a osé trouver excessive dans un monde avare et fastueux, peu fait
pour en pénétrer les motifs et encore moins pour
les sentir. Bienfaisant, et par conséquent juste,
M. de Montesquieu ne vouloit rien prendre sur
sa famille, ni des secours qu'il donnoit aux malheureux, ni des dépenses considérables auxquelles
ses longs voyages, la foiblesse de sa vue, et l'im-

pression de ses ouvrages, l'avoient obligé. Il a transmis à ses enfants, sans diminution ni augmentation, l'héritage qu'il avoit reçu de ses pères; il n'y a rien ajouté que la gloire de son nom et l'exemple de sa vie. Il avoit épousé, en 1715, demoiselle Jeanne de Lartigue, fille de Pierre de Lartigue, lieutenant-colonel au régiment de Maulévrier. Il en a eu deux filles, et un fils qui, par son caractère, ses mœurs, et ses ouvrages, s'est montré digne d'un tel père.

Ceux qui aiment la vérité et la patrie ne seront pas fâchés de trouver ici quelques-unes de ses maximes. Il pensoit :

Que chaque portion de l'état doit être également soumise aux lois; mais que les priviléges de chaque portion de l'état doivent être respectés lorsque leurs effets n'ont rien de contraire au droit naturel qui oblige tous les citoyens à concourir également au bien public : que la possession ancienne étoit en ce genre le premier des titres et le plus inviolable des droits, qu'il étoit toujours injuste et quelquefois dangereux de vouloir ébranler;

Que les magistrats, dans quelque circonstance et pour quelque grand intérêt de corps que ce puisse être, ne doivent jamais être que magistrats, sans parti et sans passion, comme les lois, qui absolvent et punissent sans aimer ni haïr.

Il disoit enfin, à l'occasion des disputes ecclésiastiques qui ont tant occupé les empereurs et les chrétiens grecs, que les querelles théologiques, lorsqu'elles cessent d'être renfermées dans les écoles, déshonorent infailliblement une nation aux yeux des autres. En effet, le mépris même des sages pour ces querelles ne la justifie pas, parceque les sages faisant par-tout le moindre bruit et le plus petit nombre, ce n'est jamais sur eux qu'une nation est jugée. Il disoit qu'il y avoit très peu de choses vraies dans le livre de l'abbé Du Bos sur *l'établissement de la monarchie françoise dans les Gaules*, et qu'il en auroit fait une réfutation suivie s'il ne lui avoit fallu le relire une troisième ou une quatrième fois, ce qu'il regardoit comme le plus grand des supplices [1].

L'importance des ouvrages dont nous avons eu à parler dans cet éloge nous en a fait passer sous

[1] Cette dernière phrase, qui commence après le mot *jugée*, ne se trouve pas dans l'éloge imprimé en tête du cinquième volume de l'Encyclopédie.

silence de moins considérables, qui servoient à l'auteur comme de délassement, et qui auroient suffi pour l'éloge d'un autre. Le plus remarquable est le *Temple de Gnide*, qui suivit d'assez près les *Lettres persanes*. M. de Montesquieu, après avoir été dans celles-ci Horace, Théophraste, et Lucien, fut Ovide et Anacréon dans ce nouvel essai. Ce n'est plus l'amour despotique de l'Orient qu'il se propose de peindre, c'est la délicatesse et la naïveté de l'amour pastoral, tel qu'il est dans une ame neuve que le commerce des hommes n'a point encore corrompue. L'auteur, craignant peut-être qu'un tableau si étranger à nos mœurs ne parût trop languissant et trop uniforme, a cherché à l'animer par les peintures les plus riantes. Il transporte le lecteur dans des lieux enchantés, dont à la vérité le spectacle intéresse peu l'amant heureux, mais dont la description flatte encore l'imagination quand les desirs sont satisfaits. Em porté par son sujet, il a répandu dans sa prose ce style animé, figuré, et poétique, dont le roman de Télémaque a fourni parmi nous le premier modèle. Nous ignorons pourquoi quelques cen seurs du *Temple de Gnide* ont dit à cette occasion qu'il auroit eu besoin d'être en vers. Le style poé

tique, si on entend, comme on le doit, par ce mot,
un style plein de chaleur et d'images, n'a pas besoin, pour être agréable, de la marche uniforme
et cadencée de la versification ; mais si on ne fait
consister ce style que dans une diction chargée
d'épithètes oisives, dans les peintures froides et
triviales des ailes et du carquois de l'Amour, et
de semblables objets, la versification n'ajoutera
presque aucun mérite à ces ornements usés ; on
y cherchera toujours en vain l'ame et la vie. Quoi
qu'il en soit, le *Temple de Gnide* étant une espèce
de poëme en prose, c'est à nos écrivains les plus
célèbres en ce genre à fixer le rang qu'il doit
occuper : il mérite de pareils juges. Nous croyons
du moins que les peintures de cet ouvrage soutien-
droient avec succès une des principales épreuves
des descriptions poétiques, celle de les représenter
sur la toile. Mais ce qu'on doit sur-tout remarquer
dans le *Temple de Gnide*, c'est qu'Anacréon même
y est toujours observateur et philosophe. Dans le
quatrième chant il paroît décrire les mœurs des
Sybarites, et on s'aperçoit aisément que ces mœurs
sont les nôtres. La préface porte sur-tout l'em-
preinte de l'auteur des *Lettres persanes*. En pré-
sentant le *Temple de Gnide* comme la traduction

d'un manuscrit grec, plaisanterie défigurée depuis par tant de mauvais copistes, il en prend occasion de peindre d'un trait de plume l'ineptie des critiques et le pédantisme des traducteurs, et finit par ces paroles dignes d'être rapportées : « Si « les gens graves desiroient de moi quelque ou- « vrage moins frivole, je suis en état de les sa- « tisfaire. Il y a trente ans que je travaille à un « livre de douze pages, qui doit contenir tout ce « que nous savons sur la métaphysique, la poli- « tique et la morale, et tout ce que de très grands « auteurs ont oublié dans les volumes qu'ils ont « donnés sur ces sciences-là. »

Nous regardons comme une des plus honorables récompenses de notre travail l'intérêt particulier que M. de Montesquieu prenoit à ce dictionnaire [1], dont toutes les ressources ont été jusqu'à présent dans le courage et l'émulation de ses auteurs. Tous les gens de lettres, selon lui, devoient s'empresser de concourir à l'exécution de cette entreprise utile. Il en a donné l'exemple avec M. de Voltaire et plusieurs autres écrivains célèbres. Peut-être les traverses que cet ouvrage a

[1] L'Encyclopédie.

essuyées, et qui lui rappeloient les siennes propres, l'intéressoient-elles en notre faveur. Peut-être étoit-il sensible, sans s'en apercevoir, à la justice que nous avions osé lui rendre dans le premier volume de l'Encyclopédie, lorsque personne n'osoit encore élever sa voix pour le défendre. Il nous destinoit un article sur le *Goût*, qui a été trouvé imparfait dans ses papiers. Nous le donnerons en cet état au public, et nous le traiterons avec le même respect que l'antiquité témoigna autrefois pour les dernières paroles de Sénèque. La mort l'a empêché d'étendre plus loin ses bienfaits à notre égard; et en joignant nos propres regrets à ceux de l'Europe entière, nous pourrions écrire sur son tombeau :

Finis vitæ ejus nobis luctuosus, patriæ tristis, extraneis etiam ignotisque non sine curâ fuit.

Tacit., in Agricol., cap. XLIII.

ANALYSE

DE

L'ESPRIT DES LOIS,

Par D'ALEMBERT;

POUR SERVIR DE SUITE A L'ÉLOGE DE MONTESQUIEU.

LA plupart des gens de lettres qui ont parlé de
l'*Esprit des Lois* s'étant plus attachés à le criti-
quer qu'à en donner une idée juste, nous allons
tâcher de suppléer à ce qu'ils auroient dû faire,
et d'en développer le plan, le caractère, et l'objet.
Ceux qui en trouveront l'analyse trop longue ju-
geront peut-être, après l'avoir lue, qu'il n'y avoit
que ce seul moyen de bien faire saisir la méthode

de l'auteur. On doit se souvenir d'ailleurs que l'histoire des écrivains célèbres n'est que celle de leurs pensées et de leurs travaux, et que cette partie de leur éloge en est la plus essentielle et la plus utile.

Les hommes, dans l'état de nature, abstraction faite de toute religion, ne connoissant, dans les différents qu'ils peuvent avoir, d'autre loi que celle des animaux, le droit du plus fort, on doit regarder l'établissement des sociétés comme une espèce de traité contre ce droit injuste; traité destiné à établir entre les différentes parties du genre humain une sorte de balance. Mais il en est de l'équilibre moral comme du physique; il est rare qu'il soit parfait et durable; et les traités du genre humain sont, comme les traités entre nos princes, une semence continuelle de divisions. L'intérêt, le besoin, et le plaisir, ont rapproché les hommes; mais ces mêmes motifs les poussent sans cesse à vouloir jouir des avantages de la société sans en porter les charges; et c'est en ce sens qu'on peut dire, avec l'auteur, que les hommes, dès qu'ils sont en société, sont en état de guerre. Car la guerre suppose, dans ceux qui se la font, sinon l'égalité de force, au moins

l'opinion de cette égalité; d'où naît le desir et
l'espoir mutuel de se vaincre. Or, dans l'état de
société, si la balance n'est jamais parfaite entre
les hommes, elle n'est pas non plus trop inégale :
au contraire, ou ils n'auroient rien à se disputer
dans l'état de nature, ou, si la nécessité les y obli
geoit, on ne verroit que la foiblesse fuyant devant
la force, des oppresseurs sans combat, et des
opprimés sans résistance.

Voilà donc les hommes réunis et armés tout
à-la-fois, s'embrassant d'un côté, si on peut par
ler ainsi, et cherchant de l'autre à se blesser
mutuellement. Les lois sont le lien plus ou moins
efficace destiné à suspendre ou à retenir leurs
coups : mais l'étendue prodigieuse du globe que
nous habitons, la nature différente des régions
de la terre et des peuples qui la couvrent, ne
permettant pas que tous les hommes vivent sous
un seul et même gouvernement, le genre hu
main a dû se partager en un certain nombre
d'états, distingués par la différence des lois aux
quelles ils obéissent. Un seul gouvernement n'au
roit fait du genre humain qu'un corps exténué
et languissant, étendu sans vigueur sur la surface
de la terre : les différents états sont autant de

corps agiles et robustes, qui, en se donnant la main les uns aux autres, n'en forment qu'un, et dont l'action réciproque entretient par-tout le mouvement et la vie.

On peut distinguer trois sortes de gouvernements; le républicain, le monarchique, le despotique. Dans le républicain, le peuple en corps a la souveraine puissance. Dans le monarchique, un seul gouverne par des lois fondamentales. Dans le despotique, on ne connoît d'autre loi que la volonté du maître, ou plutôt du tyran. Ce n'est pas à dire qu'il n'y ait dans l'univers que ces trois espèces d'états; ce n'est pas à dire même qu'il y ait des états qui appartiennent uniquement et rigoureusement à quelqu'une de ces formes; la plupart sont, pour ainsi dire, mi-partis ou nuancés les uns des autres. Ici, la monarchie incline au despotisme; là, le gouvernement monarchique est combiné avec le républicain; ailleurs, ce n'est pas le peuple entier, c'est seulement une partie du peuple qui fait les lois. Mais la division précédente n'en est pas moins exacte et moins juste. Les trois espèces de gouvernement qu'elle renferme sont tellement distinguées qu'elles n'ont proprement rien de commun ; et d'ailleurs tous les états que nous connoissons participent de l'une ou de l'autre. Il étoit donc nécessaire de former de ces trois espèces des classes particulières, et de s'appliquer à déterminer les lois qui leur sont propres. Il sera facile ensuite de modifier ces lois dans l'application à quelque gouvernement que ce soit, selon qu'il appartiendra plus ou moins à ces différentes formes.

Dans les divers états, les lois doivent être relatives à leur *nature*, c'est-à-dire à ce qui les constitue ; et à leur *principe*, c'est-à-dire à ce qui les soutient et les fait agir : distinction importante, la clef d'une infinité de lois, et dont l'auteur tire bien des conséquences.

Les principales lois relatives à la *nature* de la démocratie sont que le peuple y soit, à certains égards, le monarque ; à d'autres, le sujet ; qu'il élise et juge ses magistrats ; et que les magistrats, en certaines occasions, décident. La nature de la monarchie demande qu'il y ait entre le monarque et le peuple beaucoup de pouvoirs et de rangs intermédiaires, et un corps dépositaire des lois, médiateur entre les sujets et le prince. La nature du despotisme exige que le tyran exerce son au-

torité ou par lui seul, ou par un seul qui le représente.

Quant au *principe* des trois gouvernements,
celui de la démocratie est l'amour de la république, c'est-à-dire de l'égalité. Dans les monarchies, où un seul est le dispensateur des distinctions et des récompenses, et où l'on s'accoutume
à confondre l'état avec ce seul homme, le principe est l'honneur, c'est-à-dire l'ambition et
l'amour de l'estime. Sous le despotisme enfin,
c'est la crainte. Plus ces principes sont en vigueur,
plus le gouvernement est stable; plus ils s'altèrent
et se corrompent, plus il incline à sa destruction.
Quand l'auteur parle de l'égalité dans les démocraties, il n'entend pas une égalité extrême, absolue, et par conséquent chimérique; il entend
cet heureux équilibre qui rend tous les citoyens
également soumis aux lois, et également intéres-
sés à les observer.

Dans chaque gouvernement les lois de l'éducation doivent être relatives au *principe*. On entend ici par *éducation* celle qu'on reçoit en entrant
dans le monde, et non celle des parents et des
maîtres, qui souvent y est contraire, sur-tout
dans certains états. Dans les monarchies, l'édu-

cation doit avoir pour objet l'urbanité et les
égards réciproques : dans les états despotiques,
la terreur et l'avilissement des esprits : dans les
républiques, on a besoin de toute la puissance
de l'éducation ; elle doit inspirer un sentiment
noble, mais pénible, le renoncement à soi-même,
d'où naît l'amour de la patrie.

Les lois que le législateur donne doivent être
conformes au *principe* de chaque gouvernement :
dans la république, entretenir l'égalité et la frugalité ; dans la monarchie, soutenir la noblesse
sans écraser le peuple ; sous le gouvernement
despotique, tenir également tous les états dans le
silence. On ne doit point accuser M. de Montesquieu d'avoir ici tracé aux souverains les principes du pouvoir arbitraire, dont le nom seul
est odieux aux princes justes, et à plus forte raison au citoyen sage et vertueux. C'est travailler
à l'anéantir que de montrer ce qu'il faut faire
pour le conserver. La perfection de ce gouvernement en est la ruine ; et le code exact de la tyrannie, tel que l'auteur le donne, est en même
temps la satire et le fléau le plus redoutable des
tyrans. A l'égard des autres gouvernements, ils
ont chacun leurs avantages : le républicain est

plus propre aux petits états, le monarchique aux
grands; le républicain plus sujet aux excès, le
monarchique aux abus; le républicain apporte
plus de maturité dans l'exécution des lois, le
monarchique plus de promptitude.

La différence des principes des trois gouvernements doit en produire dans le nombre et l'objet
des lois, dans la forme des jugements et la nature
des peines. La constitution des monarchies étant
invariable et fondamentale, exige plus de lois
civiles et de tribunaux, afin que la justice soit
rendue d'une manière plus uniforme et moins
arbitraire. Dans les états modérés, soit monarchies, soit républiques, on ne sauroit apporter
trop de formalités aux lois criminelles. Les peines
doivent non-seulement être en proportion avec
le crime, mais encore les plus douces qu'il est
possible, sur-tout dans la démocratie : l'opinion
attachée aux peines fera souvent plus d'effet que
leur grandeur même. Dans les républiques, il
faut juger selon la loi, parcequ'aucun particulier
n'est le maître de l'altérer. Dans les monarchies,
la clémence du souverain peut quelquefois l'adoucir; mais les crimes ne doivent jamais y être
jugés que par les magistrats expressément chargés

d'en connoître. Enfin, c'est principalement dans
les démocraties que les lois doivent être sévères
contre le luxe, le relâchement des mœurs, et la
séduction des femmes. Leur douceur et leur foiblesse même les rendent assez propres à gouverner dans les monarchies; et l'histoire prouve que
souvent elles ont porté la couronne avec gloire.

M. de Montesquieu, ayant ainsi parcouru
chaque gouvernement en particulier, les examine ensuite dans le rapport qu'ils peuvent avoir
les uns aux autres, mais seulement sous le point
de vue le plus général, c'est-à-dire sous celui
qui est uniquement relatif à leur nature et à
leur principe. Envisagés de cette manière, les
états ne peuvent avoir d'autres rapports que celui
de se défendre ou d'attaquer. Les républiques
devant, par leur nature, renfermer un petit état,
elles ne peuvent se défendre sans alliance; mais
c'est avec des républiques qu'elles doivent s'allier.
La force défensive de la monarchie consiste principalement à avoir des frontières hors d'insulte.
Les états ont, comme les hommes, le droit d'attaquer pour leur propre conservation : du droit
de la guerre dérive celui de conquête; droit nécessaire, légitime, et malheureux, qui laisse

toujours à payer une dette immense pour s'acquitter envers la nature humaine, et dont la loi générale est de faire aux vaincus le moins de mal qu'il est possible. Les républiques peuvent moins conquérir que les monarchies : des conquêtes immenses supposent le despotisme, ou l'assurent. Un des grands principes de l'esprit de conquête doit être de rendre meilleure, autant qu'il est possible, la condition du peuple conquis : c'est satisfaire tout à-la-fois la loi naturelle et la maxime d'état. Rien n'est plus beau que le traité de paix de Gélon avec les Carthaginois, par lequel il leur défendit d'immoler à l'avenir leurs propres enfants. Les Espagnols, en conquérant le Pérou, auroient dû obliger de même les habitants à ne plus immoler des hommes à leurs dieux; mais ils crurent plus avantageux d'immoler ces peuples mêmes. Ils n'eurent plus pour conquête qu'un vaste désert; ils furent forcés à dépeupler leur pays, et s'affoiblirent pour toujours par leur propre victoire. On peut être obligé quelquefois de changer les lois du peuple vaincu; rien ne peut jamais obliger de lui ôter ses mœurs, ou même ses coutumes, qui sont souvent toutes ses mœurs. Mais le moyen le plus sûr de conserver une conquête, c'est de mettre, s'il est possible, le peuple vaincu au niveau du peuple conquérant, de lui accorder les mêmes droits et les mêmes priviléges : c'est ainsi qu'en ont souvent usé les Romains; c'est ainsi sur-tout qu'en usa César à l'égard des Gaulois.

Jusqu'ici, en considérant chaque gouvernement tant en lui-même que dans son rapport aux autres, nous n'avons eu égard ni à ce qui doit leur être commun, ni aux circonstances particulières, tirées ou de la nature du pays, ou du génie des peuples : c'est ce qu'il faut maintenant développer.

La loi commune de tous les gouvernements, du moins des gouvernements modérés et par conséquent justes, est la liberté politique dont chaque citoyen doit jouir. Cette liberté n'est point la licence absurde de faire tout ce qu'on veut, mais le pouvoir de faire tout ce que les lois permettent. Elle peut être envisagée, ou dans son rapport à la constitution, ou dans son rapport au citoyen.

Il y a dans la constitution de chaque état deux sortes de pouvoirs; la puissance législative, et l'exécutrice; et cette dernière a deux objets, l'in

térieur de l'état, et le dehors. C'est de la distribution légitime et de la répartition convenable
de ces différentes espèces de pouvoirs que dépend
la plus grande perfection de la liberté politique
par rapport à la constitution. M. de Montesquieu
en apporte pour preuve la constitution de la république romaine et celle de l'Angleterre. Il
trouve le principe de celle-ci dans cette loi fondamentale du gouvernement des anciens Germains, que les affaires peu importantes y étoient
décidées par les chefs, et que les grandes étoient
portées au tribunal de la nation, après avoir
auparavant été agitées par les chefs. M. de Montesquieu n'examine point si les Anglois jouissent
ou non de cette extrême liberté politique que
leur constitution leur donne; il lui suffit qu'elle
soit établie par leurs lois. Il est encore plus éloigné
de vouloir faire la satire des autres états : il croit
au contraire que l'excès, même dans le bien,
n'est pas toujours desirable; que la liberté extrême a ses inconvénients comme l'extrême servitude; et qu'en général la nature humaine s'ac-
commode mieux d'un état moyen.

La liberté politique, considérée par rapport au
citoyen, consiste dans la sûreté où il est, à l'abri

des lois; ou du moins dans l'opinion de cette
sûreté, qui fait qu'un citoyen n'en craint point
un autre. C'est principalement par la nature et
la proportion des peines que cette liberté s'établit ou se détruit. Les crimes contre la religion
doivent être punis par la privation des biens que
la religion procure; les crimes contre les mœurs,
par la honte; les crimes contre la tranquillité
publique, par la prison ou l'exil; les crimes
contre la sûreté, par les supplices. Les écrits
doivent être moins punis que les actions; jamais
les simples pensées ne doivent l'être. Accusations
non juridiques, espions, lettres anonymes, toutes
ces ressources de la tyrannie, également honteuses à ceux qui en sont l'instrument et à ceux
qui s'en servent, doivent être proscrites dans un
bon gouvernement monarchique. Il n'est permis
d'accuser qu'en face de la loi, qui punit toujours
ou l'accusé ou le calomniateur. Dans tout autre
cas, ceux qui gouvernent doivent dire avec l'empereur Constance : « Nous ne saurions soupçon-
« ner celui à qui il a manqué un accusateur, lors-
« qu'il ne lui manquoit pas un ennemi. » C'est
une très bonne institution que celle d'une partie
publique qui se charge, au nom de l'état, de

poursuivre les crimes, et qui ait toute l'utilité des délateurs sans en avoir les vils intérêts, les inconvénients, et l'infamie.

La grandeur des impôts doit être en proportion directe avec la liberté. Ainsi, dans les démocraties, ils peuvent être plus grands qu'ailleurs, sans être onéreux, parceque chaque citoyen les regarde comme un tribut qu'il se paie à luimême, et qui assure la tranquillité et le sort de chaque membre. De plus, dans un état démocratique, l'emploi infidèle des deniers publics est plus difficile, parcequ'il est plus aisé de le connoitre et de le punir, le dépositaire en devant compte, pour ainsi dire, au premier citoyen qui l'exige.

Dans quelque gouvernement que ce soit, l'espèce de tributs la moins onéreuse est celle qui est établie sur les marchandises, parceque le citoyen paie sans s'en apercevoir. La quantité excessive de troupes, en temps de paix, n'est qu'un prétexte pour charger le peuple d'impôts, un moyen d'énerver l'état, et un instrument de servitude. La régie des tributs, qui en fait rentrer le produit en entier dans le fisc public, est, sans comparaison, moins à charge au peuple, et par conséquent plus avantageuse, lorsqu'elle peut avoir lieu, que la ferme de ces mêmes tributs, qui laisse toujours entre les mains de quelques particuliers une partie des revenus de l'état. Tout est perdu sur-tout (ce sont ici les termes de l'auteur) lorsque la profession de traitant devient honorable; et elle le devient dès que le luxe est en vigueur. Laisser quelques hommes se nourrir de la substance publique pour les dépouiller à leur tour, comme on l'a autrefois pratiqué dans certains états, c'est réparer une injustice par une autre, et faire deux maux au lieu d'un.

Venons maintenant, avec M. de Montesquieu, aux circonstances particulières indépendantes de la nature du gouvernement, et qui doivent en modifier les lois. Les circonstances qui viennent de la nature du pays sont de deux sortes; les unes ont rapport au climat, les autres au terrain. Personne ne doute que le climat n'influe sur la disposition habituelle des corps, et par conséquent sur les caractères; c'est pourquoi les lois doivent se conformer au physique du climat dans les choses indifférentes, et au contraire le combattre dans les effets vicieux. Ainsi, dans les pays où l'usage du vin est nuisible, c'est une très bonne loi que

celle qui l'interdit : dans les pays où la chaleur du
climat porte à la paresse, c'est une très bonne loi
que celle qui encourage au travail. Le gouvernement peut donc corriger les effets du climat : et
cela suffit pour mettre l'*Esprit des Lois* à couvert
du reproche très injuste qu'on lui a fait d'attribuer tout au froid et à la chaleur ; car, outre que
la chaleur et le froid ne sont pas la seule chose
par laquelle les climats soient distingués, il seroit
aussi absurde de nier certains effets du climat que
de vouloir lui attribuer tout.

L'usage des esclaves, établi dans les pays
chauds de l'Asie et de l'Amérique, et réprouvé
dans les climats tempérés de l'Europe, donne
sujet à l'auteur de traiter de l'esclavage civil. Les
hommes n'ayant pas plus de droit sur la liberté
que sur la vie les uns des autres, il s'ensuit que
l'esclavage, généralement parlant, est contre la
loi naturelle. En effet, le droit d'esclavage ne
peut venir ni de la guerre, puisqu'il ne pourroit
être alors fondé que sur le rachat de la vie, et
qu'il n'y a plus de droit sur la vie de ceux qui
n'attaquent plus ; ni de la vente qu'un homme
fait de lui-même à un autre, puisque tout citoyen, étant redevable de sa vie à l'état, lui est,

à plus forte raison, redevable de sa liberté, et
par conséquent n'est pas le maître de la vendre.
D'ailleurs quel seroit le prix de cette vente ? Ce
ne peut être l'argent donné au vendeur, puisqu'au
moment qu'on se rend esclave toutes les posses-
sions appartiennent au maître : or une vente sans
prix est aussi chimérique qu'un contrat sans condition. Il n'y a peut-être jamais eu qu'une loi
juste en faveur de l'esclavage ; c'étoit la loi romaine qui rendoit le débiteur esclave du créan-
cier : encore cette loi, pour être équitable, devoit
borner la servitude quant au degré et quant au
temps. L'esclavage peut tout au plus être toléré dans
les états despotiques, où les hommes libres, trop
foibles contre le gouvernement, cherchent à devenir pour leur propre utilité les esclaves de ceux
qui tyrannisent l'état ; ou bien dans les climats
dont la chaleur énerve si fort le corps et affoiblit
tellement le courage, que les hommes n'y sont
portés à un devoir pénible que par la crainte du
châtiment.

A côté de l'esclavage civil on peut placer la
servitude domestique, c'est-à-dire celle où les
femmes sont dans certains climats. Elle peut avoir
lieu dans ces contrées de l'Asie où elles sont en

état d'habiter avec les hommes avant que de pouvoir faire usage de leur raison ; nubiles par la loi du climat, enfants par celle de la nature. Cette sujétion devient encore plus nécessaire dans les pays où la polygamie est établie ; usage que M. de Montesquieu ne prétend pas justifier dans ce qu'il a de contraire à la religion, mais qui, dans les lieux où il est reçu (et à ne parler que politiquement), peut être fondé jusqu'à un certain point ou sur la nature du pays ou sur le rapport du nombre des femmes au nombre des hommes. M. de Montesquieu parle à cette occasion de la répudiation et du divorce ; et il établit sur de bonnes raisons que la répudiation, une fois admise, devroit être permise aux femmes comme aux hommes.

Si le climat a tant d'influence sur la servitude domestique et civile, il n'en a pas moins sur la servitude politique ; c'est-à-dire sur celle qui soumet un peuple à un autre. Les peuples du nord sont plus forts et plus courageux que ceux du midi : ceux-ci doivent donc en général être subjugués, ceux-là conquérants ; ceux-ci esclaves, ceux-là libres. C'est aussi ce que l'histoire confirme : l'Asie a été conquise onze fois par les peuples du nord ; l'Europe a souffert beaucoup moins de révolutions.

A l'égard des lois relatives à la nature du terrain, il est clair que la démocratie convient mieux que la monarchie aux pays stériles, où la terre a besoin de toute l'industrie des hommes. La liberté d'ailleurs est, en ce cas, une espèce de dédommagement de la dureté du travail. Il faut plus de lois pour un peuple agriculteur que pour un peuple qui nourrit des troupeaux, pour celui-ci que pour un peuple chasseur, pour un peuple qui fait usage de la monnoie que pour celui qui l'ignore.

Enfin on doit avoir égard au génie particulier de la nation. La vanité, qui grossit les objets, est un bon ressort pour le gouvernement ; l'orgueil, qui les déprise, est un ressort dangereux. Le législateur doit respecter, jusqu'à un certain point, les préjugés, les passions, les abus. Il doit imiter Solon, qui avoit donné aux Athéniens, non les meilleures lois en elles-mêmes, mais les meilleures qu'ils pussent avoir : le caractère gai de ces peuples demandoit des lois plus faciles ; le caractère dur des Lacédémoniens, des lois plus sévères. Les lois sont un mauvais moyen pour changer les manières et les usages ; c'est par les récompenses et l'exemple qu'il faut tâcher d'y parvenir. Il est pourtant vrai en même temps que les lois d'un peuple, quand on n'affecte pas d'y choquer grossièrement et directement ses mœurs, doivent influer insensiblement sur elles, soit pour les affermir, soit pour les changer.

Après avoir approfondi de cette manière la nature et l'esprit des lois par rapport aux différentes espèces de pays et de peuples, l'auteur revient de nouveau à considérer les états les uns par rapport aux autres. D'abord, en les comparant entre eux d'une manière générale, il n'avoit pu les envisager que par rapport au mal qu'ils peuvent se faire ; ici il les envisage par rapport aux secours mutuels qu'ils peuvent se donner ; or ces secours sont principalement fondés sur le commerce. Si l'esprit de commerce produit naturellement un esprit d'intérêt opposé à la sublimité des vertus morales, il rend aussi un peuple naturellement juste, et en éloigne l'oisiveté et le brigandage. Les nations libres qui vivent sous des gouvernements modérés doivent s'y livrer plus que les nations esclaves. Jamais une nation ne doit exclure de son commerce une autre nation

sans de grandes raisons. Au reste, la liberté en
ce genre n'est pas une faculté absolue accordée
aux négociants de faire ce qu'ils veulent ; faculté
qui leur seroit souvent préjudiciable : elle consiste
à ne gêner les négociants qu'en faveur du commerce. Dans la monarchie, la noblesse ne doit
point s'y adonner, encore moins le prince. Enfin
il est des nations auxquelles le commerce est dés-
avantageux : ce ne sont pas celles qui n'ont besoin de rien, mais celles qui ont besoin de tout :
paradoxe que l'auteur rend sensible par l'exemple
de la Pologne, qui manque de tout, excepté du
blé, et qui, par le commerce qu'elle en fait, prive
les paysans de leur nourriture pour satisfaire au
luxe des seigneurs. M. de Montesquieu, à l'occasion des lois que le commerce exige, fait l'histoire de ses différentes révolutions : et cette partie de son livre n'est ni la moins intéressante, ni
la moins curieuse. Il compare l'appauvrissement
de l'Espagne par la découverte de l'Amérique, au
sort de ce prince imbécille de la fable, prêt à
mourir de faim pour avoir demandé aux dieux
que tout ce qu'il toucheroit se convertît en or.
L'usage de la monnoie étant une partie considérable de l'objet du commerce et son principal

instrument, il a cru devoir, en conséquence,
traiter des opérations sur la monnoie, du change,
du paiement des dettes publiques, du prêt à intérêt, dont il fixe les lois et les limites, et qu'il
ne confond nullement avec les excès si justement
condamnés de l'usure.

La population et le nombre des habitants ont
avec le commerce un rapport immédiat; et les
mariages ayant pour objet la population, M. de
Montesquieu approfondit ici cette importante
matière. Ce qui favorise le plus la propagation
est la continence publique; l'expérience prouve
que les conjonctions illicites y contribuent peu,
et même y nuisent. On a établi avec justice pour
les mariages le consentement des pères : cependant
on y doit mettre des restrictions ; car la loi doit
en général favoriser les mariages. La loi qui défend le mariage des mères avec les fils est (indépendamment des préceptes de la religion) une
très bonne loi civile ; car, sans parler de plusieurs
autres raisons, les contractants étant d'âge très
différent, ces sortes de mariages peuvent rarement avoir la propagation pour objet. La loi qui
défend le mariage du père avec la fille est fondée
sur les mêmes motifs : cependant (à ne parler

que civilement) elle n'est pas si indispensable-
ment nécessaire que l'autre à l'objet de la population, puisque la vertu d'engendrer finit beaucoup plus tard dans les hommes : aussi l'usage
contraire a-t-il eu lieu chez certains peuples que
la lumière du christianisme n'a point éclairés.
Comme la nature porte d'elle-même au mariage,
c'est un mauvais gouvernement que celui où on
aura besoin d'y encourager. La liberté, la sûreté,
la modération des impôts la proscription du luxe,
sont les vrais principes et les vrais soutiens de la
population : cependant on peut avec succès faire
des lois pour encourager les mariages, quand,
malgré la corruption, il reste encore des ressorts
dans le peuple qui l'attachent à sa patrie. Rien
n'est plus beau que les lois d'Auguste pour favoriser la propagation de l'espèce. Par malheur il
fit ces lois dans la décadence ou plutôt dans la
chute de la république; et les citoyens découra-
gés devoient prévoir qu'ils ne mettroient plus au
monde que des esclaves : aussi l'exécution de ces
lois fut-elle bien foible durant tout le temps
des empereurs païens. Constantin enfin les abo-
lit en se faisant chrétien; comme si le christianisme avoit pour but de dépeupler la société, en

conseillant à un petit nombre la perfection du
célibat !

L'établissement des hôpitaux, selon l'esprit dans
lequel il est fait, peut nuire à la population, ou
la favoriser. Il peut et il doit même y avoir des
hôpitaux dans un état dont la plupart des citoyens
n'ont que leur industrie pour ressource, parceque
cette industrie peut quelquefois être malheureuse;
mais les secours que ces hôpitaux donnent ne doivent être que passagers, pour ne point encourager
la mendicité et la fainéantise. Il faut commencer
par rendre le peuple riche, et bâtir ensuite des
hôpitaux pour les besoins imprévus et pressants.
Malheureux les pays où la multitude des hôpitaux
et des monastères, qui ne sont que des hôpitaux
perpétuels, fait que tout le monde est à son aise,
excepté ceux qui travaillent !

M. de Montesquieu n'a encore parlé que des
lois humaines. Il passe maintenant à celles de la
religion, qui, dans presque tous les états, font
un objet si essentiel du gouvernement. Par-tout
il fait l'éloge du christianisme : il en montre les
avantages et la grandeur : il cherche à le faire aimer; il soutient qu'il n'est pas impossible, comme
Bayle l'a prétendu, qu'une société de parfaits

chrétiens forme un état subsistant et durable : mais il s'est cru permis aussi d'examiner ce que les différentes religions (humainement parlant) peuvent avoir de conforme ou de contraire au génie et à la situation des peuples qui les professent. C'est dans ce point de vue qu'il faut lire tout ce qu'il a écrit sur cette matière, et qui a été l'objet de tant de déclamations injustes. Il est surprenant sur-tout que, dans un siècle qui en appelle tant d'autres barbares, on lui ait fait un crime de ce qu'il dit de la tolérance; comme si c'étoit approuver une religion que de la tolérer; comme si enfin l'évangile même ne proscrivoit pas tout autre moyen de le répandre que la douceur et la persuasion. Ceux en qui la superstition n'a pas éteint tout sentiment de compassion et de justice ne pourront lire sans être attendris la remontrance aux inquisiteurs, ce tribunal odieux qui outrage la religion en paroissant la venger.

Enfin, après avoir traité en particulier des différentes espèces de lois que les hommes peuvent avoir, il ne reste plus qu'à les comparer toutes ensemble, et à les examiner dans leur rapport avec les choses sur lesquelles elles statuent. Les hommes sont gouvernés par différentes espèces

de lois : par le droit naturel, commun à chaque
individu ; par le droit divin, qui est celui de la
religion ; par le droit ecclésiastique, qui est celui
de la police de la religion ; par le droit civil, qui
est celui des membres d'une même société ; par
le droit politique, qui est celui du gouvernement
de cette société ; par le droit des gens, qui est
celui des sociétés les unes par rapport aux autres.
Ces droits ont chacun leurs objets distingués,
qu'il faut bien se garder de confondre. On ne
doit jamais régler par l'un ce qui appartient à
l'autre, pour ne point mettre de désordre ni
d'injustice dans les principes qui gouvernent les
hommes. Il faut enfin que les principes qui prescrivent le genre des lois, et qui en circonscrivent
l'objet, règnent aussi dans la manière de les com-
poser. L'esprit de modération doit, autant qu'il
est possible, en dicter toutes les dispositions. Des
lois bien faites seront conformes à l'esprit du législateur, même en paroissant s'y opposer. Telle
étoit la fameuse loi de Solon par laquelle tous
ceux qui ne prenoient point de part dans les séditions étoient déclarés infames. Elle prévenoit
les séditions, ou les rendoit utiles, en forçant
tous les membres de la république à s'occuper de

ses vrais intérêts. L'ostracisme même étoit une très bonne loi ; car, d'un côté, elle étoit honorable au citoyen qui en étoit l'objet, et prévenoit, de l'autre, les effets de l'ambition : il falloit d'ailleurs un très grand nombre de suffrages, et on ne pouvoit bannir que tous les cinq ans. Souvent les lois qui paroissent les mêmes n'ont ni le même motif, ni le même effet, ni la même équité ; la forme du gouvernement, les conjonctures, et le génie du peuple, changent tout. Enfin le style des lois doit être simple et grave. Elles peuvent se dispenser de motiver, parceque le motif est supposé exister dans l'esprit du législateur ; mais quand elles motivent ce doit être sur des principes évidents. Elles ne doivent pas ressembler à cette loi qui, défendant aux aveugles de plaider, apporte pour raison qu'ils ne peuvent pas voir les ornements de la magistrature.

M. de Montesquieu, pour montrer par des exemples l'application de ses principes, a choisi deux différents peuples, le plus célèbre de la terre, et celui dont l'histoire nous intéresse le plus, les Romains et les François. Il ne s'attache qu'à une partie de la jurisprudence du premier, celle qui regarde les successions. A l'égard des

François, il entre dans le plus grand détail sur
l'origine et les révolutions de leurs lois civiles,
et sur les différents usages abolis ou subsistants
qui en ont été la suite. Il s'étend principalement
sur les lois féodales, cette espèce de gouvernement inconnu à toute l'antiquité, qui le sera
peut-être pour toujours aux siècles futurs, et qui
a fait tant de biens et tant de maux. Il discute
sur-tout ces lois dans le rapport qu'elles ont à
l'établissement et aux révolutions de la monarchie françoise. Il prouve contre M. l'abbé Du Bos
que les Francs sont réellement entrés en conquérants dans les Gaules, et qu'il n'est pas vrai,
comme cet auteur le prétend, qu'ils aient été appelés par les peuples pour succéder aux droits des
empereurs romains qui les opprimoient. Détail
profond, exact, et curieux, mais dans lequel il
nous est impossible de le suivre.

Telle est l'analyse générale, mais très informe
et très imparfaite, de l'ouvrage de M. de Montesquieu. Nous l'avons séparée du reste de son
éloge, pour ne pas trop interrompre la suite de
notre récit.

AVERTISSEMENT

DE L'AUTEUR.

—

Pour l'intelligence des quatre premiers livres de cet ouvrage, il faut observer 1° que ce que j'appelle la *vertu* dans la république est l'amour de la patrie, c'est-à-dire l'amour de l'égalité. Ce n'est point une vertu morale, ni une vertu chrétienne, c'est la vertu *politique;* et celle-ci est le ressort qui fait mouvoir le gouvernement républicain, comme *l'honneur* est le ressort qui fait mouvoir la monarchie. J'ai donc appelé *vertu politique* l'amour de la patrie et de l'égalité. J'ai eu des idées nouvelles; il a bien fallu trouver de nouveaux mots, ou donner aux anciens de nouvelles acceptions. Ceux qui n'ont pas compris ceci m'ont fait dire des choses absurdes, et qui seroient révoltantes dans tous les pays du monde, parceque dans tous les pays du monde on veut de la morale.

2° Il faut faire attention qu'il y a une très

grande différence entre dire qu'une certaine qualité, modification de l'ame, ou vertu, n'est pas
le ressort qui fait agir un gouvernement, et dire
qu'elle n'est point dans ce gouvernement. Si je
disois : telle roue, tel pignon, ne sont point le
ressort qui fait mouvoir cette montre, en conclu-
roit-on qu'ils ne sont point dans la montre ? Tant
s'en faut que les vertus morales et chrétiennes
soient exclues de la monarchie, que même la
vertu politique ne l'est pas. En un mot, l'honneur est dans la république, quoique la vertu
politique en soit le ressort; la vertu politique est
dans la monarchie, quoique l'honneur en soit le
ressort.

Enfin l'homme de bien dont il est question
dans le livre III, chapitre v, n'est pas l'homme
de bien chrétien, mais l'homme de bien politique, qui a la vertu politique dont j'ai parlé.
C'est l'homme qui aime les lois de son pays,
et qui agit par l'amour des lois de son pays.
J'ai donné un nouveau jour à toutes ces choses
dans cette édition-ci, en fixant encore plus les
idées : et, dans la plupart des endroits où je me
suis servi du mot de *vertu*, j'ai mis *vertu politique*.

PRÉFACE.

Si dans le nombre infini des choses qui sont dans ce livre il y en avoit quelqu'une qui, contre mon attente, pût offenser, il n'y en a pas du moins qui y ait été mise avec mauvaise intention. Je n'ai point naturellement l'esprit désapprobateur. Platon remercioit le ciel de ce qu'il étoit né du temps de Socrate; et moi je lui rends graces de ce qu'il m'a fait naître dans le gouvernement où je vis, et de ce qu'il a voulu que j'obéisse à ceux qu'il m'a fait aimer.

Je demande une grace que je crains qu'on ne m'accorde pas, c'est de ne pas juger par la lecture d'un moment, d'un travail de vingt années; d'approuver ou de condamner le livre entier, et non pas quelques phrases. Si l'on veut chercher le dessein de l'auteur, on ne le peut bien découvrir que dans le dessein de l'ouvrage.

J'ai d'abord examiné les hommes, et j'ai cru

6.

que, dans cette infinie diversité de lois et de mœurs, ils n'étoient pas uniquement conduits par leurs fantaisies.

J'ai posé les principes, et j'ai vu les cas particuliers s'y plier comme d'eux-mêmes, les histoires de toutes les nations n'en être que les suites, et chaque loi particulière liée avec une autre loi, ou dépendre d'une autre plus générale.

Quand j'ai été rappelé à l'antiquité, j'ai cherché à en prendre l'esprit pour ne pas regarder comme semblables des cas réellement différents, et ne pas manquer les différences de ceux qui paroissent semblables.

Je n'ai point tiré mes principes de mes préjugés, mais de la nature des choses.

Ici, bien des vérités ne se feront sentir qu'après qu'on aura vu la chaîne qui les lie à d'autres. Plus on réfléchira sur les détails, plus on sentira la certitude des principes. Ces détails mêmes, je ne les ai pas tous donnés; car qui pourroit dire tout sans un mortel ennui?

On ne trouvera point ici ces traits saillants qui semblent caractériser les ouvrages d'aujourd'hui. Pour peu qu'on voie les choses avec une certaine étendue, les saillies s'évanouissent; elles ne naissent d'ordinaire que parceque l'esprit se jette tout d'un côté, et abandonne tous les autres.

Je n'écris point pour censurer ce qui est établi dans quelque pays que ce soit. Chaque nation trouvera ici les raisons de ses maximes ; et on en tirera naturellement cette conséquence, qu'il n'appartient de proposer des changements qu'à ceux qui sont assez heureusement nés pour pénétrer d'un coup de génie toute la constitution d'un état.

Il n'est pas indifférent que le peuple soit éclairé. Les préjugés des magistrats ont commencé par être les préjugés de la nation. Dans un temps d'ignorance, on n'a aucun doute, même lorsqu'on fait les plus grands maux ; dans un temps de lumière, on tremble encore lorsqu'on fait les plus grands biens. On sent les abus anciens, on en voit la correction, mais on voit encore les abus de la correction même. On laisse le mal, si l'on craint le pire ; on laisse le bien, si on est en doute du mieux. On ne regarde les parties que pour juger du tout ensemble ; on examine toutes les causes pour voir les résultats.

Si je pouvois faire en sorte que tout le monde

eût de nouvelles raisons pour aimer ses devoirs, son prince, sa patrie, ses lois ; qu'on pût mieux sentir son bonheur dans chaque pays, dans chaque gouvernement, dans chaque poste où l'on se trouve, je me croirois le plus heureux des mortels.

Si je pouvois faire en sorte que ceux qui commandent augmentassent leurs connoissances sur ce qu'ils doivent prescrire, et que ceux qui obéissent trouvassent un nouveau plaisir à obéir, je me croirois le plus heureux des mortels.

Je me croirois le plus heureux des mortels, si je pouvois faire que les hommes pussent se guérir de leurs préjugés. J'appelle ici préjugés, non pas ce qui fait qu'on ignore de certaines choses, mais ce qui fait qu'on s'ignore soi-même.

C'est en cherchant à instruire les hommes que l'on peut pratiquer cette vertu générale qui comprend l'amour de tous. L'homme, cet être flexible, se pliant dans la société aux pensées et aux impressions des autres, est également capable de connoître sa propre nature lorsqu'on la lui montre, et d'en perdre jusqu'au sentiment lorsqu'on la lui dérobe.

J'ai bien des fois commencé et bien des fois abandonné cet ouvrage ; j'ai mille fois envoyé aux vents les feuilles que j'avois écrites [1] ; je sentois tous les jours les mains paternelles tomber [2] ; je suivois mon objet sans former de dessein ; je ne connoissois ni les règles ni les exceptions ; je ne trouvois la vérité que pour la perdre : mais, quand j'ai découvert mes principes, tout ce que je cherchois est venu à moi ; et, dans le cours de vingt années, j'ai vu mon ouvrage commencer, croître, s'avancer, et finir.

Si cet ouvrage a du succès, je le devrai beaucoup à la majesté de mon sujet : cependant je ne crois pas avoir totalement manqué de génie. Quand j'ai vu ce que tant de grands hommes en France, en Angleterre et en Allemagne, ont écrit avant moi, j'ai été dans l'admiration, mais je n'ai point perdu le courage. « Et moi aussi je suis peintre [3] », ai-je dit avec le Corrège.

[1] Ludibria ventis.

[2] Bis patriæ cecidere manus....

[3] Ed io anche son pittore.

DE L'ESPRIT DES LOIS.

LIVRE PREMIER.

DES LOIS EN GÉNÉRAL.

CHAPITRE PREMIER.

Des lois, dans le rapport qu'elles ont avec les divers êtres.

Les lois, dans la signification la plus étendue, sont les rapports nécessaires qui dérivent de la nature des choses ; et, dans ce sens, tous les êtres ont leurs lois [1] : la divinité a ses lois, le monde

[1] La loi, dit Plutarque, est la reine de tous mortels et immortels. Au traité, *Qu'il est requis qu'un prince soit savant.*

matériel a ses lois, les intelligences supérieures à l'homme ont leurs lois, les bêtes ont leurs lois, l'homme a ses lois.

Ceux qui ont dit qu'*une fatalité aveugle a produit tous les effets que nous voyons dans le monde*, ont dit une grande absurdité; car quelle plus grande absurdité qu'une fatalité aveugle qui auroit produit des êtres intelligents?

Il y a donc une raison primitive; et les lois sont les rapports qui se trouvent entre elle et les différents êtres, et les rapports de ces divers êtres entre eux.

Dieu a du rapport avec l'univers comme créateur et comme conservateur; les lois selon lesquelles il a créé sont celles selon lesquelles il conserve : il agit selon ces règles, parcequ'il les connoît; il les connoît, parcequ'il les a faites; il les a faites, parcequ'elles ont du rapport avec sa sagesse et sa puissance.

Comme nous voyons que le monde, formé par le mouvement de la matière, et privé d'intelligence, subsiste toujours, il faut que ses mouvements aient des lois invariables; et si l'on pouvoit imaginer un autre monde que celui-ci, il auroit des règles constantes, ou il seroit détruit.

Ainsi la création, qui paroît être un acte arbitraire, suppose des règles aussi invariables que la fatalité des athées. Il seroit absurde de dire que le créateur, sans ces règles, pourroit gouverner le monde, puisque le monde ne subsisteroit pas sans elles.

Ces règles sont un rapport constamment établi. Entre un corps mu et un autre corps mu, c'est suivant les rapports de la masse et de la vitesse que tous les mouvements sont reçus, augmentés, diminués, perdus : chaque diversité est *uniformité*, chaque changement est *constance*.

Les êtres particuliers intelligents peuvent avoir des lois qu'ils ont faites ; mais ils en ont aussi qu'ils n'ont pas faites. Avant qu'il y eût des êtres intelligents, ils étoient possibles : ils avoient donc des rapports possibles, et par conséquent des lois possibles. Avant qu'il y eût des lois faites, il y avoit des rapports de justice possibles. Dire qu'il n'y a rien de juste ni d'injuste que ce qu'ordonnent ou défendent les lois positives, c'est dire qu'avant qu'on eût tracé de cercle tous les rayons n'étoient pas égaux.

Il faut donc avouer des rapports d'équité antérieurs à la loi positive qui les établit : comme, par exemple, que, supposé qu'il y eût des sociétés d'hommes, il seroit juste de se conformer à leurs lois; que, s'il y avoit des êtres intelligents qui eussent reçu quelque bienfait d'un autre être, ils devroient en avoir de la reconnoissance; que, si un être intelligent avoit créé un être intelligent, le créé devroit rester dans la dépendance qu'il a eue dès son origine; qu'un être intelligent qui a fait du mal à un être intelligent mérite de recevoir le même mal; et ainsi du reste.

Mais il s'en faut bien que le monde intelligent soit aussi bien gouverné que le monde physique. Car, quoique celui-là ait aussi des lois qui, par leur nature, sont invariables, il ne les suit pas constamment comme le monde physique suit les siennes. La raison en est que les êtres particuliers intelligents sont bornés par leur nature, et par conséquent sujets à l'erreur; et, d'un autre côté, il est de leur nature qu'ils agissent par eux-mêmes. Ils ne suivent donc pas constamment leurs lois primitives, et celles même qu'ils se donnent, ils ne les suivent pas toujours.

On ne sait si les bêtes sont gouvernées par les lois générales du mouvement, ou par une motion particulière. Quoi qu'il en soit, elles n'ont

point avec Dieu de rapport plus intime que le
reste du monde matériel ; et le sentiment ne leur
sert que dans le rapport qu'elles ont entre elles,
ou avec d'autres êtres particuliers, ou avec elles-
mêmes.

Par l'attrait du plaisir elles conservent leur être
particulier, et par le même attrait elles conservent
leur espèce. Elles ont des lois naturelles, parcequ'elles sont unies par le sentiment ; elles n'ont
point de lois positives, parcequ'elles ne sont point
unies par la connoissance. Elles ne suivent pourtant pas invariablement leurs lois naturelles : les
plantes, en qui nous ne remarquons ni connoissance ni sentiment, les suivent mieux.

Les bêtes n'ont point les suprêmes avantages
que nous avons ; elles en ont que nous n'avons
pas. Elles n'ont point nos espérances, mais elles
n'ont pas nos craintes ; elles subissent comme
nous la mort, mais c'est sans la connoître : la
plupart même se conservent mieux que nous, et
ne font pas un aussi mauvais usage de leurs passions.

L'homme, comme être physique, est, ainsi que
les autres corps, gouverné par des lois invariables ; comme être intelligent, il viole sans cesse

les lois que Dieu a établies, et change celles qu'il
établit lui-même. Il faut qu'il se conduise ; et cependant il est un être borné ; il est sujet à l'ignorance et à l'erreur, comme toutes les intelligences
finies ; les foibles connoissances qu'il a, il les perd
encore. Comme créature sensible, il devient sujet
à mille passions. Un tel être pouvoit à tous les
instants oublier son créateur ; Dieu l'a rappelé à
lui par les lois de la religion : un tel être pouvoit à tous les instants s'oublier lui-même ; les
philosophes l'ont averti par les lois de la morale :
fait pour vivre dans la société, il y pouvoit oublier les autres ; les législateurs l'ont rendu à ses
devoirs par les lois politiques et civiles.

CHAPITRE II.

Des lois de la nature.

Avant toutes ces lois sont celles de la nature,
ainsi nommées parcequ'elles dérivent unique-

nent de la constitution de notre être. Pour les connoître bien, il faut considérer un homme avant l'établissement des sociétés. Les lois de la nature seront celles qu'il recevroit dans un état pareil.

Cette loi qui, en imprimant dans nous-mêmes l'idée d'un créateur, nous porte vers lui, est la première des lois naturelles par son importance, et non pas dans l'ordre de ces lois. L'homme, dans l'état de nature, auroit plutôt la faculté de connoître qu'il n'auroit des connoissances. Il est clair que ses premières idées ne seroient point des idées spéculatives : il songeroit à la conservation de son être, avant de chercher l'origine de son être. Un homme pareil ne sentiroit d'abord que sa foiblesse ; sa timidité seroit extrême : et si l'on avoit là-dessus besoin de l'expérience, l'on a trouvé dans les forêts des hommes sauvages [1] : tout les fait trembler, tout les fait fuir.

Dans cet état, chacun se sent inférieur ; à peine chacun se sent-il égal. On ne chercheroit donc

[1] Témoin le sauvage qui fut trouvé dans les forêts de Hanovre, et que l'on vit en Angleterre sous le règne de George Ier.

point à s'attaquer, et la paix seroit la première
loi naturelle.

Le desir que Hobbes donne d'abord aux hommes de se subjuguer les uns les autres n'est pas si
raisonnable. L'idée de l'empire et de la domination est si composée, et dépend de tant d'autres idées, que ce ne seroit pas celle qu'il auroit
d'abord.

Hobbes demande pourquoi, si les hommes ne sont pas naturellement en état de guerre, ils vont toujours armés; et pourquoi ils ont des clefs pour fermer leurs maisons. Mais on ne sent pas que l'on attribue aux hommes, avant l'établissement des sociétés, ce qui ne peut leur arriver qu'après cet établissement, qui leur fait trouver des motifs pour s'attaquer et pour se défendre.

Au sentiment de sa foiblesse l'homme joindroit le sentiment de ses besoins : ainsi une autre loi naturelle seroit celle qui lui inspireroit de chercher à se nourrir.

J'ai dit que la crainte porteroit les hommes à se fuir; mais les marques d'une crainte réciproque les engageroient bientôt à s'approcher. D'ailleurs, ils y seroient portés par le plaisir qu'un animal sent à l'approche d'un animal de son espèce. De

« plus, ce charme que les deux sexes s'inspirent par
leur différence augmenteroit ce plaisir; et la prière
naturelle qu'ils se font toujours l'un à l'autre seroit
une troisième loi.

Outre le sentiment que les hommes ont d'abord,
ils parviennent encore à avoir des connoissances;
ainsi ils ont un second lien que les autres animaux
n'ont pas. Ils ont donc un nouveau motif de s'unir;
et le desir de vivre en société est une quatrième
loi naturelle.

CHAPITRE III.

Des lois positives.

Sitôt que les hommes sont en société ils per-
dent le sentiment de leur foiblesse; l'égalité qui
étoit entre eux cesse, et l'état de guerre commence.

Chaque société particulière vient à sentir sa
force; ce qui produit un état de guerre de nation

I.

à nation. Les particuliers dans chaque société
commencent à sentir leur force ; ils cherchent à
tourner en leur faveur les principaux avantages
de cette société ; ce qui fait entre eux un état de
guerre.

Ces deux sortes d'état de guerre font établir les
lois parmi les hommes. Considérés comme habitants d'une si grande planète, qu'il est nécessaire
qu'il y ait différents peuples, ils ont des lois dans
le rapport que ces peuples ont entre eux ; et c'est
le DROIT DES GENS. Considérés comme vivant
dans une société qui doit être maintenue, ils ont
des lois dans le rapport qu'ont ceux qui gouvernent avec ceux qui sont gouvernés ; et c'est le
DROIT POLITIQUE. Ils en ont encore dans le rapport que tous les citoyens ont entre eux ; et c'est
le DROIT CIVIL.

Le droit des gens est naturellement fondé sur
ce principe, que les diverses nations doivent se
faire dans la paix le plus de bien, et dans la guerre
le moins de mal qu'il est possible, sans nuire à
leurs véritables intérêts.

L'objet de la guerre, c'est la victoire ; celui de
la victoire, la conquête ; celui de la conquête, la
conservation. De ce principe et du précédent doi-

vent dériver toutes les lois qui forment le droit des gens.

Toutes les nations ont un droit des gens; et les Iroquois mêmes, qui mangent leurs prisonniers, en ont un. Ils envoient et reçoivent des ambassades; ils connoissent des droits de la guerre et de la paix : le mal est que ce droit des gens n'est pas fondé sur les vrais principes.

Outre le droit des gens qui regarde toutes les sociétés, il y a un droit politique pour chacune. Une société ne sauroit subsister sans un gouvernement. *La réunion de toutes les forces particulières*, dit très bien Gravina, *forme ce qu'on appelle l'état politique*.

La force générale peut être placée entre les mains d'un seul, ou entre les mains de plusieurs. Quelques-uns ont pensé que, la nature ayant établi le pouvoir paternel, le gouvernement d'un seul étoit le plus conforme à la nature. Mais l'exemple du pouvoir paternel ne prouve rien. Car si le pouvoir du père a du rapport au gouvernement d'un seul, après la mort du père, le pouvoir des frères, ou après la mort des frères, celui des cousins-germains, ont du rapport au gouvernement de plusieurs. La puissance politique

7.

comprend nécessairement l'union de plusieurs familles.

Il vaut mieux dire que le gouvernement le plus conforme à la nature est celui dont la disposition particulière se rapporte mieux à la disposition du peuple pour lequel il est établi.

Les forces particulières ne peuvent se réunir sans que toutes les volontés se réunissent. *La réunion de ces volontés*, dit encore très bien Gravina, *est ce qu'on appelle l'*ÉTAT CIVIL.

La loi, en général, est la raison humaine, en tant qu'elle gouverne tous les peuples de la terre; et les lois politiques et civiles de chaque nation ne doivent être que les cas particuliers où s'applique cette raison humaine.

Elles doivent être tellement propres au peuple pour lequel elles sont faites, que c'est un très grand hasard si celles d'une nation peuvent convenir à une autre.

Il faut qu'elles se rapportent à la nature et au principe du gouvernement qui est établi, ou qu'on veut établir : soit qu'elles le forment, comme font les lois politiques; soit qu'elles le maintiennent, comme font les lois civiles.

Elles doivent être relatives au physique du

pays, au climat glacé, brûlant, ou tempéré; à la qualité du terrain, à sa situation, à sa grandeur; au genre de vie des peuples, laboureurs, chasseurs, ou pasteurs : elles doivent se rapporter au degré de liberté que la constitution peut souffrir; à la religion des habitants, à leurs inclinations, à leurs richesses, à leur nombre, à leur commerce, à leurs mœurs, à leurs manières. Enfin, elles ont des rapports entre elles; elles en ont avec leur origine, avec l'objet du législateur, avec l'ordre des choses sur lesquelles elles sont établies. C'est dans toutes ces vues qu'il faut les considérer.

C'est ce que j'entreprends de faire dans cet ouvrage. J'examinerai tous ces rapports : ils forment tous ensemble ce que l'on appelle l'ESPRIT DES LOIS.

Je n'ai point séparé les lois *politiques* des *civiles :* car comme je ne traite point des lois, mais de l'esprit des lois, et que cet esprit consiste dans les divers rapports que les lois peuvent avoir avec diverses choses, j'ai dû moins suivre l'ordre naturel des lois que celui de ces rapports et de ces choses.

J'examinerai d'abord les rapports que les lois

ont avec la nature et avec le principe de chaque
gouvernement : et comme ce principe a sur les
lois une suprême influence, je m'attacherai à le
bien connoître ; et si je puis une fois l'établir, on
en verra couler les lois comme de leur source. Je
passerai ensuite aux autres rapports, qui semblent
être plus particuliers.

FIN DU PREMIER LIVRE.

LIVRE SECOND.

DES LOIS QUI DÉRIVENT DIRECTEMENT DE LA NATURE DU GOUVERNEMENT.

CHAPITRE PREMIER.

De la nature des trois divers gouvernements.

Il y a trois espèces de gouvernements : le RÉPUBLICAIN, le MONARCHIQUE, et le DESPOTIQUE. Pour en découvrir la nature, il suffit de l'idée qu'en ont les hommes les moins instruits. Je suppose trois définitions, ou plutôt trois faits : l'un, que *le gouvernement républicain est celui où le peuple en corps, ou seulement une partie du peuple, a la souveraine puissance ; le monarchique, celui où un seul gouverne, mais par des lois fixes et établies ; au lieu que, dans le despotique, un seul, sans loi et sans règle, entraîne tout par sa volonté et par ses caprices.*

Voilà ce que j'appelle la nature de chaque gouvernement. Il faut voir quelles sont les lois qui suivent directement de cette nature, et qui par conséquent sont les premières lois fondamentales.

CHAPITRE II.

Du gouvernement républicain, et des lois relatives à la démocratie.

Lorsque, dans la république, le peuple en corps a la souveraine puissance, c'est une démocratie. Lorsque la souveraine puissance est entre les mains d'une partie du peuple, cela s'appelle une aristocratie.

Le peuple, dans la démocratie, est à certains

égards le monarque; à certains autres, il est le sujet.

Il ne peut être monarque que par ses suffrages, qui sont ses volontés. La volonté du souverain est le souverain lui-même. Les lois qui établissent le droit de suffrage sont donc fondamentales dans ce gouvernement. En effet, il est aussi important d'y régler comment, par qui, à qui, sur quoi, les suffrages doivent être donnés, qu'il l'est dans une monarchie de savoir quel est le monarque, et de quelle manière il doit gouverner.

Libanius [1] dit qu'à *Athènes un étranger qui se méloit dans l'assemblée du peuple, étoit puni de mort.* C'est qu'un tel homme usurpoit le droit de souveraineté.

Il est essentiel de fixer le nombre des citoyens qui doivent former les assemblées : sans cela on pourroit ignorer si le peuple a parlé, ou seulement une partie du peuple. A Lacédémone, il falloit dix mille citoyens. A Rome, née dans la petitesse pour aller à la grandeur; à Rome, faite pour éprouver toutes les vicissitudes de la for-

---

[1] Déclamations 17 et 18.

tune; à Rome, qui avoit tantôt presque tous ses citoyens hors de ses murailles, tantôt toute l'Italie et une partie de la terre dans ses murailles, on n'avoit point fixé ce nombre [1]; et ce fut une des grandes causes de sa ruine.

Le peuple qui a la souveraine puissance doit faire par lui-même tout ce qu'il peut bien faire; et ce qu'il ne peut pas bien faire, il faut qu'il le fasse par ses ministres.

Ses ministres ne sont point à lui s'il ne les nomme : c'est donc une maxime fondamentale de ce gouvernement, que le peuple nomme ses ministres, c'est-à-dire ses magistrats.

Il a besoin, comme les monarques, et même plus qu'eux, d'être conduit par un conseil ou sénat. Mais, pour qu'il y ait confiance, il faut qu'il en élise les membres : soit qu'il les choisisse lui-même, comme à Athènes; ou par quelque magistrat qu'il a établi pour les élire, comme cela se pratiquoit à Rome dans quelques occasions.

Le peuple est admirable pour choisir ceux à

---

[1] Voyez les Considérations sur les causes de la grandeur des Romains et de leur décadence, chap. IX.

qui il doit confier quelque partie de son autorité.
Il n'a à se déterminer que par des choses qu'il
ne peut ignorer, et des faits qui tombent sous
les sens. Il sait très bien qu'un homme a été souvent à la guerre, qu'il y a eu tels ou tels succès :
il est donc très capable d'élire un général. Il sait
qu'un juge est assidu, que beaucoup de gens se
retirent de son tribunal contents de lui, qu'on
ne l'a pas convaincu de corruption : en voilà
assez pour qu'il élise un préteur. Il a été frappé
de la magnificence ou des richesses d'un citoyen :
cela suffit pour qu'il puisse choisir un édile.
Toutes ces choses sont des faits dont il s'instruit
mieux dans la place publique qu'un monarque
dans son palais. Mais saura-t-il conduire une
affaire, connoître les lieux, les occasions, les
moments, en profiter ? Non, il ne le saura pas.

Si l'on pouvoit douter de la capacité naturelle
qu'a le peuple pour discerner le mérite, il n'y
auroit qu'à jeter les yeux sur cette suite continuelle de choix étonnants que firent les Athéniens et les Romains ; ce qu'on n'attribuera pas
sans doute au hasard.

On sait qu'à Rome, quoique le peuple se fût
donné le droit d'élever aux charges les plébéiens,

il ne pouvoit se résoudre à les élire; et quoique
à Athènes on pût, par la loi d'Aristide, tirer les
magistrats de toutes les classes, il n'arriva jamais,
dit Xénophon [1], que le bas peuple demandât
celles qui pouvoient intéresser son salut ou sa
gloire.

Comme la plupart des citoyens, qui ont assez
de suffisance pour élire, n'en ont pas assez pour
être élus; de même le peuple, qui a assez de capacité pour se faire rendre compte de la gestion
des autres, n'est pas propre à gérer par lui-même.

Il faut que les affaires aillent, et qu'elles aillent
un certain mouvement qui ne soit ni trop lent ni
trop vite. Mais le peuple a toujours trop d'action, ou trop peu. Quelquefois avec cent mille
bras il renverse tout; quelquefois avec cent mille
pieds il ne va que comme les insectes.

Dans l'état populaire on divise le peuple en de
certaines classes. C'est dans la manière de faire
cette division que les grands législateurs se sont
signalés; et c'est de là qu'ont toujours dépendu
la durée de la démocratie et sa prospérité.

Servius Tullius suivit, dans la composition de

---

[1] Pages 691 et 692, édition de Wechelius, de l'an 1596.

ses classes, l'esprit de l'aristocratie. Nous voyons dans Tite Live [1] et dans Denys d'Halicarnasse [2], comment il mit le droit de suffrage entre les mains des principaux citoyens. Il avoit divisé le peuple de Rome en cent quatre-vingt-treize centuries, qui formoient six classes. Et mettant les riches, mais en plus petit nombre, dans les premières centuries, les moins riches, mais en plus grand nombre, dans les suivantes, il jeta toute la foule des indigents dans la dernière : et chaque centurie n'ayant qu'une voix [3], c'étoient les moyens et les richesses qui donnoient le suffrage plutôt que les personnes.

Solon divisa le peuple d'Athènes en quatre classes. Conduit par l'esprit de la démocratie, il ne les fit pas pour fixer ceux qui devoient élire, mais ceux qui pouvoient être élus : et, laissant à chaque citoyen le droit d'élection, il

1 Liv I.

2 Liv. IV, art. 15 et suiv.

3 Voyez, dans les Considérations sur les causes de la grandeur des Romains et de leur décadence, chap. IX, comment cet esprit de Servius Tullius se conserva dans la république.

voulut [1] que dans chacune de ces quatre classes on pût élire des juges; mais que ce ne fût que dans les trois premières, où étoient les citoyens aisés, qu'on pût prendre les magistrats.

Comme la division de ceux qui ont droit de suffrage est dans la république une loi fondamentale, la manière de le donner est une autre loi fondamentale.

Le suffrage par le sort est de la nature de la démocratie; le suffrage par choix est de celle de l'aristocratie.

Le sort est une façon d'élire qui n'afflige personne; il laisse à chaque citoyen une espérance raisonnable de servir sa patrie.

Mais, comme il est défectueux par lui-même, c'est à le régler et à le corriger que les grands législateurs se sont surpassés.

Solon établit à Athènes que l'on nommeroit par choix à tous les emplois militaires, et que les sénateurs et les juges seroient élus par le sort.

Il voulut que l'on donnât par choix les magis-tratures civiles qui exigeoient une grande dé-

<hr>

[1] Denys d'Halicarnasse, éloge d'Isocrate, p. 97, t. II, édition de Wechelius. Pollux, liv. VIII, ch. x, art. 130.

pense, et que les autres fussent données par le
sort.

Mais, pour corriger le sort, il régla qu'on ne
pourroit élire que dans le nombre de ceux qui
se présenteroient ; que celui qui auroit été élu,
seroit examiné par des juges [1], et que chacun
pourroit l'accuser d'en être indigne [2] : cela tenoit
en même temps du sort et du choix. Quand on
avoit fini le temps de sa magistrature, il falloit
essuyer un autre jugement sur la manière dont
on s'étoit comporté. Les gens sans capacité devoient avoir bien de la répugnance à donner leur
nom pour être tirés au sort.

La loi qui fixe la manière de donner les billets
de suffrage est encore une loi fondamentale dans
la démocratie. C'est une grande question, si les
suffrages doivent être publics ou secrets. Cicéron [3] écrit que les lois [4] qui les rendirent secrets

[1] Voyez l'oraison de Démosthène, *de falsá legat.*, et
l'oraison contre Timarque.

[2] On tiroit même, pour chaque place, deux billets :
l'un qui donnoit la place, l'autre qui nommoit celui qui
devoit succéder, en cas que le premier fût rejeté.

[3] Liv. I et III des Lois.

[4] Elles s'appeloient *lois tabulaires.* On donnoit à chaque

dans les derniers temps de la république romaine, furent une des grandes causes de sa chute. Comme ceci se pratique diversement dans différentes républiques, voici, je crois, ce qu'il en faut penser.

Sans doute que, lorsque le peuple donne ses suffrages, ils doivent être publics [1]; et ceci doit être regardé comme une loi fondamentale de la démocratie. Il faut que le petit peuple soit éclairé par les principaux, et contenu par la gravité de certains personnages. Ainsi, dans la république romaine, en rendant les suffrages secrets, on détruisit tout; il ne fut plus possible d'éclairer une populace qui se perdoit. Mais, lorsque dans une aristocratie, le corps des nobles donne les suffrages [2], ou dans une démocratie le sénat [3], comme il n'est là question que de prévenir les brigues, les suffrages ne sauroient être trop secrets.

citoyen deux tables : la première, marquée d'un A, pour dire *antiquo*; l'autre, d'un U et d'un R, *uti rogas*.

1 A Athènes, on levoit les mains.

2 Comme à Venise.

3 Les trente tyrans d'Athènes voulurent que les suffrages des aréopagistes fussent publics, pour les diriger à leur fantaisie. Lysias, *orat. contra Agorat.*, cap. VIII.

La brigue est dangereuse dans un sénat; elle est dangereuse dans un corps de nobles : elle ne l'est pas dans le peuple, dont la nature est d'agir par passion. Dans les états où il n'a point de part au gouvernement, il s'échauffera pour un acteur comme il auroit fait pour les affaires. Le malheur d'une république, c'est lorsqu'il n'y a plus de brigues; et cela arrive lorsqu'on a corrompu le peuple à prix d'argent : il devient de sang froid, il s'affectionne à l'argent; mais il ne s'affectionne plus aux affaires; sans souci du gouvernement, et de ce qu'on y propose, il attend tranquillement son salaire.

C'est encore une loi fondamentale de la démocratie, que le peuple seul fasse des lois. Il y a pourtant mille occasions où il est nécessaire que le sénat puisse statuer: il est même souvent à propos d'essayer une loi avant de l'établir. La constitution de Rome et celle d'Athènes étoient très sages. Les arrêts du sénat [1] avoient force de loi pendant un an : ils ne devenoient perpétuels que par la volonté du peuple.

[1] Voyez Denys d'Halicarnasse, liv. IV et IX.

CHAPITRE III.

Des lois relatives à la nature de l'aristocratie.

Dans l'aristocratie, la souveraine puissance est entre les mains d'un certain nombre de personnes. Ce sont elles qui font les lois et qui les font exécuter ; et le reste du peuple n'est tout au plus à leur égard que comme dans une monarchie les sujets sont à l'égard du monarque.

On n'y doit point donner le suffrage par sort ; on n'en auroit que les inconvénients. En effet, dans un gouvernement qui a déja établi les distinctions les plus affligeantes, quand on seroit choisi par le sort on n'en seroit pas moins odieux : c'est le noble qu'on envie, et non pas le magistrat.

Lorsque les nobles sont en grand nombre, il faut un sénat qui règle les affaires que le corps des nobles ne sauroit décider, et qui prépare celles dont il décide. Dans ce cas, on peut dire que l'aristocratie est en quelque sorte dans le sénat, la démocratie dans le corps des nobles, et que le peuple n'est rien.

Ce sera une chose très heureuse dans l'aristocratie, si, par quelque voie indirecte, on fait sortir le peuple de son anéantissement : ainsi, à Gênes, la banque de Saint-George, qui est administrée en grande partie par les principaux du peuple [1], donne à celui-ci une certaine influence dans le gouvernement, qui en fait toute la prospérité.

Les sénateurs ne doivent point avoir le droit de remplacer ceux qui manquent dans le sénat : rien ne seroit plus capable de perpétuer les abus. A Rome, qui fut dans les premiers temps une espèce d'aristocratie, le sénat ne se suppléoit pas lui-même ; les sénateurs nouveaux étoient nommés [2] par les censeurs. Une autorité exorbitante, donnée tout-à-coup à un citoyen dans une république, forme une monarchie, ou plus qu'une monarchie. Dans celle-ci les lois ont pourvu à la

[1] Voyez M. Addisson, voyages d'Italie, p. 16.
[2] Ils le furent d'abord par les consuls.

8.

constitution, ou s'y sont accommodées ; le principe du gouvernement arrête le monarque : mais, dans une république où un citoyen se fait donner [1] un pouvoir exorbitant, l'abus de ce pouvoir est plus grand, parceque les lois, qui ne l'ont point prévu, n'ont rien fait pour l'arrêter.

L'exception à cette règle est lorsque la constitution de l'état est telle qu'il a besoin d'une magistrature qui ait un pouvoir exorbitant. Telle étoit Rome avec ses dictateurs ; telle est Venise avec ses inquisiteurs d'état : ce sont des magistratures terribles qui ramènent violemment l'état à la liberté. Mais d'où vient que ces magistratures se trouvent si différentes dans ces deux républiques ? C'est que Rome défendoit les restes de son aristocratie contre le peuple ; au lieu que Venise se sert de ses inquisiteurs d'état pour maintenir son aristocratie contre les nobles. De là il suivoit qu'à Rome la dictature ne devoit durer que peu de temps, parceque le peuple agit par sa fougue, et non pas par ses desseins. Il fal-

---

[1] C'est ce qui renversa la république romaine. Voyez les Considérations sur les causes de la grandeur des Romains et de leur décadence.

loit que cette magistrature s'exerçât avec éclat, parcequ'il s'agissoit d'intimider le peuple, et non pas de le punir ; que le dictateur ne fût créé que pour une seule affaire, et n'eût une autorité sans bornes qu'à raison de cette affaire, parcequ'il étoit toujours créé pour un cas imprévu. A Venise au contraire il faut une magistrature permanente : c'est là que les desseins peuvent être commencés, suivis, suspendus, repris ; que l'ambition d'un seul devient celle d'une famille, et l'ambition d'une famille celle de plusieurs. On a besoin d'une magistrature cachée, parceque les crimes qu'elle punit, toujours profonds, se forment dans le secret et dans le silence. Cette magistrature doit avoir une inquisition générale, parcequ'elle n'a pas à arrêter les maux que l'on connoit, mais à prévenir même ceux qu'on ne connoit pas. Enfin cette dernière est établie pour venger les crimes qu'elle soupçonne ; et la première employoit plus les menaces que les punitions, pour les crimes même avoués par leurs auteurs.

Dans toute magistrature il faut compenser la grandeur de la puissance par la brièveté de sa durée. Un an est le temps que la plupart des législateurs ont fixé : un temps plus long seroit

dangereux, un plus court seroit contre la nature
de la chose. Qui est-ce qui voudroit gouverner
ainsi ses affaires domestiques? A Raguse [1], le chef
de la république change tous les mois; les autres
officiers, toutes les semaines; le gouverneur du
château, tous les jours. Ceci ne peut avoir lieu
que dans une petite république [2], environnée de
puissances formidables qui corromproient aisément de petits magistrats.

La meilleure aristocratie est celle où la partie
du peuple qui n'a point de part à la puissance
est si petite et si pauvre que la partie dominante
n'a aucun intérèt à l'opprimer. Ainsi, quand
Antipater [3] établit à Athènes que ceux qui n'auroient pas deux mille drachmes seroient exclus
du droit de suffrage, il forma la meilleure aristocratie qui fût possible; parceque ce cens étoit
si petit, qu'il n'excluoit que peu de gens, et personne qui eût quelque considération dans la cité.

Les familles aristocratiques doivent donc être

1 Voyages de Tournefort.

2 A Lucques, les magistrats ne sont établis que pour
deux mois.

3 Diodore, liv. XVIII, p. 601, édition de Rhodoman.

peuple autant qu'il est possible. Plus une aristocratie approchera de la démocratie, plus elle sera parfaite; et elle le deviendra moins à mesure qu'elle approchera de la monarchie.

La plus imparfaite de toutes est celle où la partie du peuple qui obéit est dans l'esclavage civil de celle qui commande, comme l'aristocratie de Pologne, où les paysans sont esclaves de la noblesse.

CHAPITRE IV.

Des lois, dans leur rapport avec la nature du gouvernement monarchique.

Les pouvoirs intermédiaires, subordonnés, et dépendants, constituent la nature du gouvernement monarchique, c'est-à-dire de celui où un seul gouverne par des lois fondamentales. J'ai dit les pouvoirs intermédiaires, subordonnés, et dépendants : en effet, dans la monarchie, le prince est la source de tout pouvoir politique et civil. Ces lois fondamentales supposent nécessairement des canaux moyens par où coule la puissance : car, s'il n'y a dans l'état que la volonté momentanée et capricieuse d'un seul, rien ne peut être fixe, et par conséquent aucune loi fondamentale.

Le pouvoir intermédiaire subordonné le plus naturel est celui de la noblesse. Elle entre, en quelque façon, dans l'essence de la monarchie, dont la maxime fondamentale est : *Point de monarque, point de noblesse ; point de noblesse, point de monarque ; mais on a un despote.*

Il y a des gens qui avoient imaginé, dans quelques états en Europe, d'abolir toutes les justices des seigneurs. Ils ne voyoient pas qu'ils vouloient faire ce que le parlement d'Angleterre a fait. Abolissez dans une monarchie les prérogatives des seigneurs, du clergé, de la noblesse, et des villes, vous aurez bientôt un état populaire, ou bien un état despotique.

Les tribunaux d'un grand état en Europe frappent sans cesse, depuis plusieurs siècles, sur la juridiction patrimoniale des seigneurs et sur l'ecclésiastique. Nous ne voulons pas censurer des magistrats si sages : mais nous laissons à décider jusqu'à quel point la constitution en peut être changée.

Je ne suis point entêté des priviléges des ecclésiastiques : mais je voudrois qu'on fixât bien une fois leur juridiction. Il n'est point question de savoir si on a eu raison de l'établir, mais si elle est établie, si elle fait une partie des lois du pays, et si elle y est par-tout relative ; si, entre deux pouvoirs que l'on reconnoît indépendants, les conditions ne doivent pas être réciproques ; et s'il n'est pas égal à un bon sujet de défendre la justice du prince, ou les limites qu'elle s'est de tout temps prescrites.

Autant que le pouvoir du clergé est dangereux dans une république, autant est-il convenable dans une monarchie ; sur-tout dans celles qui vont au despotisme. Où en seroient l'Espagne et le Portugal depuis la perte de leurs lois, sans ce pouvoir qui arrête seul la puissance arbitraire ? Barrière toujours bonne lorsqu'il n'y en a point d'autre : car, comme le despotisme cause à la nature humaine des maux effroyables, le mal même qui le limite est un bien.

Comme la mer, qui semble vouloir couvrir

toute la terre, est arrêtée par les herbes et les moindres graviers qui se trouvent sur le rivage; ainsi les monarques, dont le pouvoir paroît sans bornes, s'arrêtent par les plus petits obstacles, et soumettent leur fierté naturelle à la plainte et à la prière.

Les Anglois, pour favoriser la liberté, ont ôté toutes les puissances intermédiaires qui formoient leur monarchie. Ils ont bien raison de conserver cette liberté; s'ils venoient à la perdre, ils seroient un des peuples les plus esclaves de la terre.

M. Law, par une ignorance égale de la constitution républicaine et de la monarchique, fut un des plus grands promoteurs du despotisme que l'on eût encore vus en Europe. Outre les changements qu'il fit si brusques, si inusités, si inouïs, il vouloit ôter les rangs intermédiaires, et anéantir les corps politiques : il dissolvoit [1] la monarchie par ses chimériques remboursements, et sembloit vouloir racheter la constitution même.

Il ne suffit pas qu'il y ait dans une monarchie

---

[1] Ferdinand, roi d'Aragon, se fit grand-maître des ordres; et cela seul altéra la constitution.

des rangs intermédiaires; il faut encore un dépôt de lois. Ce dépôt ne peut être que dans les corps politiques, qui annoncent les lois lorsqu'elles sont faites, et les rappellent lorsqu'on les oublie. L'ignorance naturelle à la noblesse, son inattention, son mépris pour le gouvernement civil, exigent qu'il y ait un corps qui fasse sans cesse sortir les lois de la poussière où elles seroient ensevelies. Le conseil du prince n'est pas un dépôt convenable. Il est, par sa nature, le dépôt de la volonté momentanée du prince qui exécute, et non pas le dépôt des lois fondamentales. De plus, le conseil du monarque change sans cesse; il n'est point permanent; il ne sauroit être nombreux; il n'a point à un assez haut degré la confiance du peuple: il n'est donc pas en état de l'éclairer dans les temps difficiles, ni de le ramener à l'obéissance.

Dans les états despotiques, où il n'y a point de lois fondamentales, il n'y a pas non plus de dépôt de lois. De là vient que, dans ces pays, la religion a ordinairement tant de force: c'est qu'elle forme une espèce de dépôt et de permanence; et, si ce n'est pas la religion, ce sont les coutumes qu'on y vénère, au lieu des lois.

CHAPITRE V.

Des lois relatives à la nature de l'état despotique.

Il résulte de la nature du pouvoir despotique que l'homme seul qui l'exerce le fasse de même exercer par un seul. Un homme à qui ses cinq sens disent sans cesse qu'il est tout, et que les autres ne sont rien, est naturellement paresseux, ignorant, voluptueux. Il abandonne donc les affaires. Mais, s'il les confioit à plusieurs, il y auroit des disputes entre eux ; on feroit des brigues pour être le premier esclave ; le prince seroit obligé de rentrer dans l'administration. Il est donc plus simple qu'il l'abandonne à un visir [1], qui aura d'abord la même puissance que lui. L'établissement d'un visir est, dans cet état, une loi fondamentale.

[1] Les rois d'Orient ont toujours des visirs, dit M. Chardin.

On dit qu'un pape, à son élection, pénétré de son incapacité, fit d'abord des difficultés infinies. Il accepta enfin, et livra à son neveu toutes les affaires. Il étoit dans l'admiration, et disoit : « Je n'aurois jamais cru que cela eût été si aisé. » Il en est de même des princes d'Orient. Lorsque, de cette prison où des eunuques leur ont affoibli le cœur et l'esprit, et souvent leur ont laissé ignorer leur état même, on les tire pour les placer sur le trône, ils sont d'abord étonnés : mais, quand ils ont fait un visir, et que, dans leur sérail, ils se sont livrés aux passions les plus brutales, lorsqu'au milieu d'une cour abattue ils ont suivi leurs caprices les plus stupides, ils n'auroient jamais cru que cela eût été si aisé.

Plus l'empire est étendu, plus le sérail s'agrandit ; et plus, par conséquent, le prince est enivré de plaisirs. Ainsi, dans ces états, plus le prince a de peuples à gouverner, moins il pense au gouvernement ; plus les affaires y sont grandes, et moins on y délibère sur les affaires.

FIN DU LIVRE SECOND.

LIVRE TROISIÈME.

DES PRINCIPES DES TROIS GOUVERNEMENTS.

—

CHAPITRE PREMIER.

Différence de la nature du gouvernement et de son principe.

APRÈS avoir examiné quelles sont les lois relatives à la nature de chaque gouvernement, il faut voir celles qui le sont à son principe.

Il y a cette différence [1] entre la nature du gouvernement et son principe, que sa nature est

---

[1] Cette distinction est très importante, et j'en tirerai bien des conséquences : elle est la clef d'une infinité de lois.

ce qui le fait être tel; et son principe, ce qui le fait agir. L'une est sa structure particulière, et l'autre les passions humaines qui le font mouvoir.

Or les lois ne doivent pas être moins relatives au principe de chaque gouvernement qu'à sa nature. Il faut donc chercher quel est ce principe. C'est ce que je vais faire dans ce livre-ci.

CHAPITRE II.

Du principe des divers gouvernements.

J'ai dit que la nature du gouvernement républicain est que le peuple en corps, ou de certaines familles, y aient la souveraine puissance; celle du gouvernement monarchique, que le prince y ait la souveraine puissance, mais qu'il l'exerce selon des lois établies; celle du gouvernement despotique, qu'un seul y gouverne selon ses volontés et ses caprices. Il ne m'en faut pas davantage pour trouver leurs trois principes : ils en dérivent naturellement. Je commencerai par le gouvernement républicain, et je parlerai d'abord du démocratique.

CHAPITRE III.

Du principe de la démocratie.

Il ne faut pas beaucoup de probité pour qu'un gouvernement monarchique ou un gouvernement despotique se maintiennent ou se soutiennent. La force des lois dans l'un, le bras du prince toujours levé dans l'autre, règlent ou contiennent tout. Mais, dans un état populaire, il faut un ressort de plus, qui est la vertu.

Ce que je dis est confirmé par le corps entier de l'histoire, et est très conforme à la nature des choses. Car il est clair que, dans une monarchie, où celui qui fait exécuter les lois se juge au-destus des lois, on a besoin de moins de vertu que dans un gouvernement populaire, où celui qui fait exécuter les lois sent qu'il y est soumis lui-même, et qu'il en portera le poids.

Il est clair encore que le monarque qui, par mauvais conseil ou par négligence, cesse de faire exécuter les lois, peut aisément réparer le mal; il n'a qu'à changer de conseil, ou se corriger de cette négligence même. Mais lorsque dans un gouvernement populaire les lois ont cessé d'être exécutées, comme cela ne peut venir que de la corruption de la république, l'état est déja perdu.

Ce fut un assez beau spectacle dans le siècle passé, de voir les efforts impuissants des Anglois pour établir parmi eux la démocratie. Comme ceux qui avoient part aux affaires n'avoient point de vertu, que leur ambition étoit irritée par le succès de celui qui avoit le plus osé [1], que l'esprit d'une faction n'étoit réprimé que par l'esprit d'une autre, le gouvernement changeoit sans cesse: le peuple, étonné, cherchoit la démocratie, et ne la trouvoit nulle part. Enfin, après bien des mouvements, des chocs et des secousses, il

[1] Cromwell

I.

9

fallut se reposer dans le gouvernement même
qu'on avoit proscrit.

Quand Sylla voulut rendre à Rome la liberté,
elle ne put plus la recevoir; elle n'avoit plus
qu'un foible reste de vertu; et, comme elle en
eut toujours moins, au lieu de se réveiller après
César, Tibère, Caïus, Claude, Néron, Domitien,
elle fut toujours plus esclave; tous les coups por-
tèrent sur les tyrans, aucun sur la tyrannie.

Les politiques grecs qui vivoient dans le gouvernement populaire ne reconnoissoient d'autre
force qui pût le soutenir que celle de la vertu.
Ceux d'aujourd'hui ne nous parlent que de ma-
nufactures, de commerce, de finances, de richesses, et de luxe même.

Lorsque cette vertu cesse, l'ambition entre dans
les cœurs qui peuvent la recevoir, et l'avarice
entre dans tous. Les desirs changent d'objets:
ce qu'on aimoit, on ne l'aime plus; on étoit libre
avec les lois, on veut être libre contre elles; chaque citoyen est comme un esclave échappé de la
maison de son maître; ce qui étoit maxime, on
l'appelle rigueur; ce qui étoit règle, on l'appelle
gène; ce qui étoit attention, on l'appelle crainte.
C'est la frugalité qui y est l'avarice, et non pas

le desir d'avoir. Autrefois le bien des particuliers faisoit le trésor public; mais pour lors le trésor public devient le patrimoine des particuliers. La république est une dépouille; et sa force n'est plus que le pouvoir de quelques citoyens et la licence de tous.

Athènes eut dans son sein les mêmes forces pendant qu'elle domina avec tant de gloire, et pendant qu'elle servit avec tant de honte. Elle avoit vingt mille citoyens [1] lorsqu'elle défendit les Grecs contre les Perses, qu'elle disputa l'empire à Lacédémone, et qu'elle attaqua la Sicile. Elle en avoit vingt mille lorsque Démétrius de Phalère les dénombra [2] comme dans un marché l'on compte les esclaves. Quand Philippe osa dominer dans la Grèce, quand il parut aux portes d'Athènes, elle n'avoit encore perdu que le temps [3]. On peut voir dans Démosthène quelle peine il fallut pour la réveiller : on y craignoit Philippe, non pas comme l'ennemi de la liberté,

[1] Plutarque, *in Pericle.* Platon, *in Critiâ.*

[2] Il s'y trouva vingt-un mille citoyens, dix mille étrangers, quatre cent mille esclaves. Voyez Athénée, liv. VI.

[3] Elle avoit vingt mille citoyens. Voyez Démosthène, *in Aristog.*

mais des plaisirs [1]. Cette ville, qui avoit résisté à tant de défaites, qu'on avoit vue renaître après ses destructions, fut vaincue à Chéronée, et le fut pour toujours. Qu'importe que Philippe renvoie tous les prisonniers? Il ne renvoie pas des hommes. Il étoit toujours aussi aisé de triompher des forces d'Athènes qu'il étoit difficile de triompher de sa vertu.

Comment Carthage auroit-elle pu se soutenir? Lorsqu'Annibal, devenu préteur, voulut empêcher les magistrats de piller la république, n'allèrent-ils pas l'accuser devant les Romains? Malheureux, qui vouloient être citoyens sans qu'il y eût de cité, et tenir leurs richesses de la main de leurs destructeurs! Bientôt Rome leur demanda pour otages trois cents de leurs principaux citoyens; elle se fit livrer les armes et les vaisseaux, et ensuite leur déclara la guerre. Par les choses que fit le désespoir dans Carthage désarmée [2], on peut juger de ce qu'elle auroit pu faire avec sa vertu, lorsqu'elle avoit ses forces.

---

1 Ils avoient fait une loi pour punir de mort celui qui proposeroit de convertir aux usages de la guerre l'argent destiné pour les théâtres.

2 Cette guerre dura trois ans.

CHAPITRE IV.

Du principe de l'aristocratie.

Comme il faut de la vertu dans le gouvernement populaire, il en faut aussi dans l'aristocratique. Il est vrai qu'elle n'y est pas si absolument requise.

Le peuple, qui est à l'égard des nobles ce que les sujets sont à l'égard du monarque, est contenu par leurs lois. Il a donc moins besoin de vertu que le peuple de la démocratie. Mais comment les nobles seront-ils contenus? Ceux qui doivent faire exécuter les lois contre leurs collègues sentiront d'abord qu'ils agissent contre eux-mêmes. Il faut donc de la vertu dans ce corps, par la nature de la constitution.

Le gouvernement aristocratique a par lui-même une certaine force que la démocratie n'a pas. Les nobles y forment un corps qui, par sa prérogative et pour son intérêt particulier, réprime le peuple: il suffit qu'il y ait des lois, pour qu'à cet égard elles soient exécutées.

Mais autant qu'il est aisé à ce corps de réprimer les autres, autant est-il difficile qu'il se réprime lui-même [1]. Telle est la nature de cette constitution, qu'il semble qu'elle mette les mêmes gens sous la puissance des lois, et qu'elle les en retire.

Or, un corps pareil ne peut se réprimer que de deux manières : ou par une grande vertu, qui fait que les nobles se trouvent en quelque façon égaux à leur peuple, ce qui peut former une grande république; ou par une vertu moindre, qui est une certaine modération qui rend les nobles au moins égaux à eux-mêmes, ce qui fait leur conservation.

La modération est donc l'ame de ces gouvernemens. J'entends celle qui est fondée sur la vertu; non pas celle qui vient d'une lâcheté et d'une paresse de l'ame.

1 Les crimes publics y pourront être punis, parceque c'est l'affaire de tous ; les crimes particuliers n'y seront pas punis, parceque l'affaire de tous est de ne les pas punir.

CHAPITRE V.

Que la vertu n'est point le principe du gouvernement monarchique.

Dans les monarchies, la politique fait faire les grandes choses avec le moins de vertu qu'elle peut; comme, dans les plus belles machines, l'art emploie aussi peu de mouvements, de forces et de roues qu'il est possible.

L'état subsiste indépendamment de l'amour pour la patrie, du désir de la vraie gloire, du renoncement à soi-même, du sacrifice de ses plus chers intérêts, et de toutes ces vertus héroïques que nous trouvons dans les anciens, et dont nous avons seulement entendu parler.

Les lois y tiennent la place de toutes ces vertus dont on n'a aucun besoin; l'état vous en dispense : une action qui se fait sans bruit y est en quelque façon sans conséquence.

Quoique tous les crimes soient publics par leur nature, on distingue pourtant les crimes vérita- blement publics d'avec les crimes privés, ainsi appelés parcequ'ils offensent plus un particulier que la société entière.

Or, dans les républiques, les crimes privés sont plus publics, c'est-à-dire choquent plus la constitution de l'état que les particuliers; et, dans les monarchies, les crimes publics sont plus privés, c'est-à-dire choquent plus les fortunes particulières que la constitution de l'état même.

Je supplie qu'on ne s'offense pas de ce que j'ai dit : je parle après toutes les histoires. Je sais très bien qu'il n'est pas rare qu'il y ait des princes vertueux; mais je dis que, dans une monarchie, il est très difficile que le peuple le soit [1].

Qu'on lise ce que les historiens de tous les temps ont dit sur la cour des monarques; qu'on se rappelle les conversations des hommes de tous

---

[1] Je parle ici de la vertu politique, qui est la vertu morale, dans le sens qu'elle se dirige au bien général; fort peu des vertus morales particulières ; et point du tout de cette vertu qui a du rapport aux vérités révélées. On verra bien ceci au livre V, chap. II.

les pays sur le misérable caractère des courtisans : ce ne sont point des choses de spéculation,
mais d'une triste expérience.

L'ambition dans l'oisiveté, la bassesse dans l'orgueil, le desir de s'enrichir sans travail, l'aversion
pour la vérité, la flatterie, la trahison, la per-
fidie, l'abandon de tous ses engagements, le mépris des devoirs du citoyen, la crainte de la
vertu du prince, l'espérance de ses foiblesses,
et, plus que tout cela, le ridicule perpétuel jeté
sur la vertu, forment, je crois, le caractère du
plus grand nombre des courtisans, marqué dans
tous les lieux et dans tous les temps. Or, il est
très malaisé que la plupart des principaux d'un
état soient malhonnêtes gens, et que les inférieurs soient gens de bien; que ceux-là soient
trompeurs, et que ceux-ci consentent à n'être
que dupes.

Que si, dans le peuple, il se trouve quelque
malheureux honnête homme [1], le cardinal de
Richelieu, dans son testament politique, insinue
qu'un monarque doit se garder de s'en servir [2].

[1] Entendez ceci dans le sens de la note précédente.

[2] Il ne faut pas, y est-il dit, se servir de gens de bas
lieu ; ils sont trop austères et trop difficiles.

Tant il est vrai que la vertu n'est pas le ressort
de ce gouvernement. Certainement elle n'en est
point exclue ; mais elle n'en est pas le ressort.

CHAPITRE VI.

Comment on supplée à la vertu dans le gouvernement monarchique.

Je me hâte et je marche à grands pas, afin
qu'on ne croie pas que je fasse une satire du
gouvernement monarchique. Non : s'il manque
d'un ressort, il en a un autre. L'honneur, c'est-
à-dire le préjugé de chaque personne et de chaque
condition, prend la place de la vertu politique
dont j'ai parlé, et la représente par-tout. Il y
peut inspirer les plus belles actions ; il peut, joint
à la force des lois, conduire au but du gouvernement, comme la vertu même.

Ainsi, dans les monarchies bien réglées, tout
le monde sera à peu près bon citoyen, et on

trouvera rarement quelqu'un qui soit homme de bien ; car, pour être homme de bien [1], il faut avoir intention de l'être [2], et aimer l'état moins pour soi que pour lui - même.

CHAPITRE VII.

Du principe de la monarchie.

LE gouvernement monarchique suppose, comme nous avons dit, des prééminences, des rangs, et même une noblesse d'origine. La nature de l'honneur est de demander des préférences et des distinctions : il est donc, par la chose même, placé dans ce gouvernement.

L'ambition est pernicieuse dans une république : elle a de bons effets dans la monarchie :

[1] Ce mot, *homme de bien*, ne s'entend ici que dans un sens politique.

[2] Voyez la note de la page 136.

elle donne la vie à ce gouvernement ; et on y a cet avantage, qu'elle n'y est pas dangereuse, parce cequ'elle y peut être sans cesse réprimée.

Vous diriez qu'il en est comme du système de l'univers, où il y a une force qui éloigne sans cesse du centre tous les corps, et une force de pesanteur qui les y ramène. L'honneur fait mouvoir toutes les parties du corps politique ; il les lie par son action même ; et il se trouve que chacun va au bien commun, croyant aller à ses intérêts particuliers.

Il est vrai que, philosophiquement parlant, c'est un honneur faux qui conduit toutes les parties de l'état ; mais cet honneur faux est aussi utile au public que le vrai le seroit aux particuliers qui pourroient l'avoir.

Et n'est-ce pas beaucoup d'obliger les hommes à faire toutes les actions difficiles et qui demandent de la force, sans autre récompense que le bruit de ces actions ?

CHAPITRE VIII.

Que l'honneur n'est point le principe des états
despotiques.

Ce n'est point l'honneur qui est le principe
des états despotiques : les hommes y étant tous
égaux, on n'y peut se préférer aux autres ; les
hommes y étant tous esclaves, on n'y peut se
préférer à rien.

De plus, comme l'honneur a ses lois et ses
règles, et qu'il ne sauroit plier; qu'il dépend
bien de son propre caprice, et non pas de celui
d'un autre, il ne peut se trouver que dans des
états où la constitution est fixe, et qui ont des
lois certaines.

Comment seroit-il souffert chez le despote?
Il fait gloire de mépriser la vie, et le despote
n'a de force que parcequ'il peut l'ôter. Comment
pourroit-il souffrir le despote? Il a des règles sui-

vies, et des caprices soutenus; le despote n'
aucune règle, et ses caprices détruisent tous le
autres.

L'honneur, inconnu aux états despotiques, o
même souvent on n'a pas de mot pour l'expri-
mer [1], règne dans les monarchies; il y donne la
vie à tout le corps politique, aux lois, et aux
vertus mêmes.

CHAPITRE IX.

Du principe du gouvernement despotique.

Comme il faut de la vertu dans une république,
et dans une monarchie de l'honneur, il faut de la
crainte dans un gouvernement despotique: pour
la vertu, elle n'y est point nécessaire, et l'honneur y seroit dangereux.

Le pouvoir immense du prince y passe tout

[1] Voyez Ch. Perry, p. 447, Londres 1743.

entier à ceux à qui il le confie. Des gens capables de s'estimer beaucoup eux - mêmes seroient en état d'y faire des révolutions. Il faut donc que la crainte y abatte tous les courages, et y éteigne jusqu'au moindre sentiment d'ambition.

Un gouvernement modéré peut, tant qu'il veut, et sans péril, relâcher ses ressorts : il se maintient par ses lois et par sa force même. Mais lorsque, dans le gouvernement despotique, le prince cesse un moment de lever le bras; quand il ne peut pas anéantir à l'instant ceux qui ont les premières places [1], tout est perdu : car le ressort du gouvernement, qui est la crainte, n'y étant plus, le peuple n'a plus de protecteur.

C'est apparemment dans ce sens que des cadis ont soutenu que le grand-seigneur n'étoit point obligé de tenir sa parole ou son serment, lorsqu'il bornoit par là son autorité [2].

Il faut que le peuple soit jugé par les lois, et les grands par la fantaisie du prince; que la tête du dernier sujet soit en sûreté, et celle des bachas toujours exposée. On ne peut parler sans frémir

1 Comme il arrive souvent dans l'aristocratie militaire.
2 Ricaut, *de l'empire ottoman.*

de ces gouvernements monstrueux. Le sophi de
Perse, détrôné de nos jours par Mirivéis, vit le
gouvernement périr avant la conquête, parcequ'il
n'avoit pas versé assez de sang [1].

L'histoire nous dit que les horribles cruautés
de Domitien effrayèrent les gouverneurs au point
que le peuple se rétablit un peu sous son règne [2].
C'est ainsi qu'un torrent qui ravage tout d'un
côté laisse de l'autre des campagnes où l'œil voit
de loin quelques prairies.

CHAPITRE X.

Différence de l'obéissance dans les gouvernements
modérés, et dans les gouvernements despotiques.

Dans les états despotiques la nature du gouvernement demande une obéissance extrême, et

[1] Voyez l'histoire de cette révolution, par le P. Ducer-
ceau.

[2] Son gouvernement étoit militaire ; ce qui est une des
espèces du gouvernement despotique.

la volonté du prince, une fois connue, doit avoir aussi infailliblement son effet qu'une boule jetée contre une autre doit avoir le sien.

Il n'y a point de tempérament, de modification, d'accommodements, de termes, d'équivalents, de pourparlers, de remontrances; rien d'égal ou de meilleur à proposer. L'homme est une créature qui obéit à une créature qui veut.

On n'y peut pas plus représenter ses craintes sur un évènement futur qu'excuser ses mauvais succès sur le caprice de la fortune. Le partage des hommes, comme des bêtes, y est l'instinct, l'obéissance, le châtiment.

Il ne sert de rien d'opposer les sentiments naturels, le respect pour un père, la tendresse pour ses enfants et ses femmes, les lois de l'honneur, l'état de sa santé; on a reçu l'ordre et cela suffit.

En Perse, lorsque le roi a condamné quelqu'un, on ne peut plus lui en parler, ni demander grace. S'il étoit ivre ou hors de sens, il faudroit que l'arrêt s'exécutât tout de même [1] : sans cela il se

1 Voyez Chardin.

contrediroit, et la loi ne peut se contredire. Cett
manière de penser y a été de tout temps : l'ordr
que donna Assuérus d'exterminer les Juifs ne pou
vant être révoqué, on prit le parti de leur don
ner la permission de se défendre.

Il y a pourtant une chose que l'on peut quel
quefois opposer à la volonté du prince [1] ; c'est la
religion. On abandonnera son père, on le tuera
même, si le prince l'ordonne : mais on ne boira
pas de vin, s'il le veut et s'il l'ordonne. Les lois
de la religion sont d'un précepte supérieur, parcequ'elles sont données sur la tête du prince comme
sur celle des sujets. Mais, quant au droit naturel,
il n'en est pas de même ; le prince est supposé
n'être plus un homme.

Dans les états monarchiques et modérés, la
puissance est bornée par ce qui en est le ressort ;
je veux dire l'honneur, qui règne, comme un
monarque, sur le prince et sur le peuple. On
n'ira point lui alléguer les lois de la religion ; un
courtisan se croiroit ridicule : on lui alléguera
sans cesse celles de l'honneur. De là résultent des
modifications nécessaires dans l'obéissance ; l'hon-

[1] Voyez Chardin.

neur est naturellement sujet à des bizarreries, et l'obéissance les suivra toutes.

Quoique la manière d'obéir soit différente dans ces deux gouvernements, le pouvoir est pourtant le même. De quelque côté que le monarque se tourne, il emporte et précipite la balance, et est obéi. Toute la différence est que, dans la monarchie, le prince a des lumières, et que les ministres y sont infiniment plus habiles et plus rompus aux affaires que dans l'état despotique.

CHAPITRE XI.

Réflexion sur tout ceci.

Tels sont les principes des trois gouvernements : ce qui ne signifie pas que, dans une certaine république, on soit vertueux ; mais qu'on devroit l'être. Cela ne prouve pas non plus que, dans une certaine monarchie, on ait de l'hon-

neur, et que, dans un état despotique parti
culier, on ait de la crainte ; mais qu'il faudroi
en avoir : sans quoi le gouvernement sera im
parfait.

FIN DU LIVRE TROISIÈME.

LIVRE QUATRIÈME.

QUE LES LOIS DE L'ÉDUCATION DOIVENT ÊTRE RE-LATIVES AUX PRINCIPES DU GOUVERNEMENT.

CHAPITRE PREMIER.

Des lois de l'éducation.

LES lois de l'éducation sont les premières que nous recevons. Et, comme elles nous préparent à être citoyens, chaque famille particulière doit être gouvernée sur le plan de la grande famille qui les comprend toutes.

Si le peuple en général a un principe, les parties qui le composent, c'est-à-dire les familles, l'auront aussi. Les lois de l'éducation seront donc différentes dans chaque espèce de gouvernement.

Dans les monarchies, elles auront pour objet l'honneur; dans les républiques, la vertu; dans le despotisme, la crainte.

<div style="text-align:center">~~~~~~~~~~~~~~~~~~~~~~~~~~~~~~~~~~~~</div>

CHAPITRE II.

De l'éducation dans les monarchies.

Ce n'est point dans les maisons publiques où l'on instruit l'enfance que l'on reçoit dans les monarchies la principale éducation ; c'est lorsque l'on entre dans le monde que l'éducation, en quelque façon, commence. Là est l'école de ce que l'on appelle *honneur,* ce maître universel qui doit par-tout nous conduire.

C'est là que l'on voit, et que l'on entend toujours dire trois choses; qu'*il faut mettre dans les vertus une certaine noblesse; dans les mœurs, une certaine franchise; dans les manières, une certaine politesse.*

Les vertus qu'on nous y montre sont toujours moins ce que l'on doit aux autres que ce que l'on se doit à soi-même : elles ne sont pas tant ce qui nous appelle vers nos concitoyens que ce qui nous en distingue.

On n'y juge pas les actions des hommes comme bonnes, mais comme belles ; comme justes, mais comme grandes ; comme raisonnables, mais comme extraordinaires.

Dès que l'honneur y peut trouver quelque chose de noble, il est ou le juge qui les rend légitimes, ou le sophiste qui les justifie.

Il permet la galanterie lorsqu'elle est unie à l'idée des sentiments du cœur, ou à l'idée de conquête ; et c'est la vraie raison pour laquelle les mœurs ne sont jamais si pures dans les monarchies que dans les gouvernements républicains.

Il permet la ruse lorsqu'elle est jointe à l'idée de la grandeur de l'esprit ou de la grandeur des affaires, comme dans la politique, dont les finesses ne l'offensent pas.

Il ne défend l'adulation que lorsqu'elle est séparée de l'idée d'une grande fortune, et n'est jointe qu'au sentiment de sa propre bassesse.

A l'égard des mœurs, j'ai dit que l'éducation

des monarchies doit y mettre une certaine franchise. On y veut donc de la vérité dans les discours. Mais est-ce par amour pour elle? point du tout. On la veut, parcequ'un homme qui est accoutumé à la dire paroît être hardi et libre. En effet, un tel homme semble ne dépendre que des choses, et non pas de la manière dont un autre les reçoit.

C'est ce qui fait qu'autant qu'on y recommande cette espèce de franchise, autant on y méprise celle du peuple, qui n'a que la vérité et la simplicité pour objet.

Enfin, l'éducation dans les monarchies exige dans les manières une certaine politesse. Les hommes, nés pour vivre ensemble, sont nés aussi pour se plaire; et celui qui n'observeroit pas les bienséances, choquant tous ceux avec qui il vivroit, se décréditeroit au point qu'il deviendroit incapable de faire aucun bien.

Mais ce n'est pas d'une source si pure que la politesse a coutume de tirer son origine. Elle naît de l'envie de se distinguer. C'est par orgueil que nous sommes polis : nous nous sentons flattés d'avoir des manières qui prouvent que nous ne sommes pas dans la bassesse, et que nous n'avons

pas vécu avec cette sorte de gens que l'on a abandonnés dans tous les âges.

Dans les monarchies, la politesse est naturalisée à la cour. Un homme excessivement grand rend tous les autres petits. De là les égards que l'on doit à tout le monde ; de là naît la politesse, qui flatte autant ceux qui sont polis que ceux à l'égard de qui ils le sont, parcequ'elle fait comprendre qu'on est de la cour, ou qu'on est digne d'en être.

L'air de la cour consiste à quitter sa grandeur propre pour une grandeur empruntée. Celle-ci flatte plus un courtisan que la sienne même. Elle donne une certaine modestie superbe qui se répand au loin, mais dont l'orgueil diminue insensiblement, à proportion de la distance où l'on est de la source de cette grandeur.

On trouve à la cour une délicatesse de goût en toutes choses, qui vient d'un usage continuel des superfluités d'une grande fortune, de la variété, et sur-tout de la lassitude des plaisirs, de la multiplicité, de la confusion même des fantaisies, qui, lorsqu'elles sont agréables, y sont toujours reçues.

C'est sur toutes ces choses que l'éducation se

porte , pour faire ce qu'on appelle l'honnête homme, qui a toutes les qualités et toutes les vertus que l'on demande dans ce gouvernement.

Là l'honneur, se mêlant par-tout, entre dans toutes les façons de penser et toutes les manières de sentir, et dirige même les principes.

Cet honneur bizarre fait que les vertus ne sont que ce qu'il veut, et comme il les veut : il met de son chef des règles à tout ce qui nous est prescrit : il étend ou il borne nos devoirs à sa fantaisie, soit qu'ils aient leur source dans la religion, dans la politique, ou dans la morale.

Il n'y a rien dans la monarchie que les lois, la religion, et l'honneur prescrivent tant, que l'obéissance aux volontés du prince : mais cet honneur nous dicte que le prince ne doit jamais nous prescrire une action qui nous déshonore, parcequ'elle nous rendroit incapables de le servir.

Crillon refusa d'assassiner le duc de Guise ; mais il offrit à Henri III de se battre contre lui, Après la Saint - Barthélemy, Charles IX ayant écrit à tous les gouverneurs de faire massacrer les huguenots, le vicomte d'Orte, qui commandoit dans Bayonne, écrivit au roi [1] : « SIRE, je

----

[1] Voyez l'histoire de d'Aubigné.

« n'ai trouvé parmi les habitants et les gens de
« guerre que de bons citoyens, de braves sol-
« dats, et pas un bourreau : ainsi, eux et moi
« supplions votre majesté d'employer nos bras et
« nos vies à choses faisables. » Ce grand et géné-
reux courage regardoit une lâcheté comme une
chose impossible.

Il n'y a rien que l'honneur prescrive plus à la
noblesse que de servir le prince à la guerre :
en effet, c'est la profession distinguée, parceque
ses hasards, ses succès, et ses malheurs même,
conduisent à la grandeur. Mais, en imposant
cette loi, l'honneur veut en être l'arbitre ; et, s'il
se trouve choqué, il exige ou permet qu'on se
retire chez soi.

Il veut qu'on puisse indifféremment aspirer
aux emplois, ou les refuser ; il tient cette liberté
au-dessus de la fortune même.

L'honneur a donc ses règles suprêmes ; et l'é-
ducation est obligée de s'y conformer [1]. Les principales sont, qu'il nous est bien permis de faire

[1] On dit ici ce qui est, et non pas ce qui doit être :
l'honneur est un préjugé que la religion travaille tantôt à
détruire, tantôt à régler.

cas de notre fortune; mais qu'il nous est souverainement défendu d'en faire aucun de notre vie.

La seconde est que, lorsque nous avons été une fois placés dans un rang, nous ne devons rien faire ni souffrir qui fasse voir que nous nous tenons inférieurs à ce rang même.

La troisième, que les choses que l'honneur défend sont plus rigoureusement défendues lorsque les lois ne concourent point à les proscrire, et que celles qu'il exige sont plus fortement exigées lorsque les lois ne les demandent pas.

CHAPITRE III.

De l'éducation dans le gouvernement despotique.

Comme l'éducation dans les monarchies ne travaille qu'à élever le cœur, elle ne cherche qu'à l'abaisser dans les états despotiques. Il faut qu'elle y soit servile. Ce sera un bien, même dans le commandement, de l'avoir eue telle, personne n'y étant tyran sans être en même temps esclave.

L'extrême obéissance suppose de l'ignorance dans celui qui obéit ; elle en suppose même dans celui qui commande : il n'a point à délibérer, à douter, ni à raisonner ; il n'a qu'à vouloir.

Dans les états despotiques, chaque maison est un empire séparé. L'éducation, qui consiste principalement à vivre avec les autres, y est donc très bornée : elle se réduit à mettre la crainte dans le cœur, et à donner à l'esprit la connoissance de quelques principes de religion fort simples. Le savoir y sera dangereux, l'émulation funeste ; et, pour les vertus, Aristote [1] ne peut croire qu'il y en ait quelqu'une de propre aux esclaves ; ce qui borneroit bien l'éducation dans ce gouvernement.

L'éducation y est donc en quelque façon nulle. Il faut ôter tout, afin de donner quelque chose, et commencer par faire un mauvais sujet, pour faire un bon esclave.

Eh ! pourquoi l'éducation s'attacheroit - elle à y former un bon citoyen qui prît part au malheur public ? S'il aimoit l'état, il seroit tenté de relâcher les ressorts du gouvernement : s'il ne réussissoit

[1] Politique, liv. I.

pas, il se perdroit; s'il réussissoit, il courroit risque
de se perdre, lui, le prince, et l'empire.

⁓⁓⁓⁓⁓⁓⁓⁓⁓⁓⁓⁓⁓⁓⁓⁓⁓⁓

CHAPITRE IV.

Différence des effets de l'éducation chez les anciens et parmi nous.

La plupart des peuples anciens vivoient dans des gouvernements qui ont la vertu pour principe; et, lorsqu'elle y étoit dans sa force, on y faisoit des choses que nous ne voyons plus aujourd'hui, et qui étonnent nos petites ames.

Leur éducation avoit un autre avantage sur la nôtre; elle n'étoit jamais démentie. Épaminondas, la dernière année de sa vie, disoit, écoutoit, voyoit, faisoit les mêmes choses que dans l'âge où il avoit commencé d'être instruit.

Aujourd'hui, nous recevons trois éducations différentes ou contraires: celle de nos pères, celle de nos maîtres, celle du monde. Ce qu'on nous dit dans la dernière renverse toutes les idées des premières. Cela vient, en quelque partie, du contraste qu'il y a parmi nous entre les engagemens de la religion et ceux du monde; chose que les anciens ne connoissoient pas.

CHAPITRE V.

De l'éducation dans le gouvernement républicain.

C'est dans le gouvernement républicain que l'on a besoin de toute la puissance de l'éducation. La crainte des gouvernemens despotiques naît d'elle-même parmi les menaces et les châtimens; l'honneur des monarchies est favorisé par les passions, et les favorise à son tour; mais la vertu politique est un renoncement à soi-même, qui est toujours une chose très pénible.

On peut définir cette vertu, l'amour des lois et de la patrie. Cet amour, demandant une préférence continuelle de l'intérêt public au sien

propre, donne toutes les vertus particulières
elles ne sont que cette préférence.

Cet amour est singulièrement affecté aux dé
mocraties. Dans elles seules, le gouvernement es
confié à chaque citoyen. Or le gouvernement es
comme toutes les choses du monde ; pour le con
server, il faut l'aimer.

On n'a jamais ouï dire que les rois n'aimassent
pas la monarchie, et que les despotes haïssent le
despotisme.

Tout dépend donc d'établir dans la république
cet amour ; et c'est à l'inspirer que l'éducation
doit être attentive. Mais, pour que les enfants
puissent l'avoir, il y a un moyen sûr, c'est que les
pères l'aient eux-mêmes.

On est ordinairement le maître de donner à ses
enfants ses connoissances ; on l'est encore plus de
leur donner ses passions.

Si cela n'arrive pas, c'est que ce qui a été fait
dans la maison paternelle est détruit par les impressions du dehors.

Ce n'est point le peuple naissant qui dégénère ;
il ne se perd que lorsque les hommes faits sont
déja corrompus.

CHAPITRE VI.

De quelques institutions des Grecs.

Les anciens Grecs, pénétrés de la nécessité que les peuples qui vivoient sous un gouvernement populaire fussent élevés à la vertu, firent, pour l'inspirer, des institutions singulières. Quand vous voyez, dans la vie de Lycurgue, les lois qu'il donna aux Lacédémoniens, vous croyez lire l'histoire des Sévarambes [1]. Les lois de Crète étoient l'original de celles de Lacédémone; et celles de Platon en étoient la correction.

Je prie qu'on fasse un peu d'attention à l'étendue de génie qu'il fallut à ces législateurs, pour voir qu'en choquant tous les usages reçus, et en confondant toutes les vertus, ils montreroient à l'univers leur sagesse. Lycurgue, mêlant le larcin avec l'esprit de justice, le plus dur esclavage avec l'extrême liberté, les sentiments les plus atroces

[1] Roman critique de Vairasse d'Allais. Paris, 1677.

avec la plus grande modération, donna de la stabilité à sa ville. Il sembla lui ôter toutes les ressources, les arts, le commerce, l'argent, les murailles : on y a de l'ambition sans espérance d'être mieux ; on y a les sentiments naturels, et on n'y est ni enfant, ni mari, ni père : la pudeur même est ôtée à la chasteté. C'est par ces chemins que Sparte est menée à la grandeur et à la gloire ; mais avec une telle infaillibilité de ses institutions, qu'on n'obtenoit rien contre elle en gagnant des batailles, si on ne parvenoit à lui ôter sa police [1].

La Crète et la Laconie furent gouvernées par ces lois. Lacédémone céda la dernière aux Macédoniens, et la Crète [2] fut la dernière proie des Romains. Les Samnites eurent ces mêmes institu-

[1] Philopœmen contraignit les Lacédémoniens d'abandonner la manière de nourrir leurs enfants, sachant bien que, sans cela, ils auroient toujours une ame grande et le cœur haut. Plutarque, vie de Philopœmen. Voyez Tite Live, liv. XXXVIII.

[2] Elle défendit pendant trois ans ses lois et sa liberté. Voyez les liv. XCVIII, XCIX et C de Tite Live, dans l'épitome de Florus. Elle fit plus de résistance que les plus grands rois.

tions, et elles furent pour ces Romains le sujet de vingt-quatre triomphes [1].

Cet extraordinaire que l'on voyoit dans les institutions de la Grèce, nous l'avons vu dans la lie et la corruption de nos temps modernes [2]. Un législateur honnête homme a formé un peuple où la probité paroît aussi naturelle que la bravoure chez les Spartiates. M. Penn est un véritable Lycurgue : et, quoique le premier ait eu la paix pour objet, comme l'autre a eu la guerre, ils se ressemblent dans la voie singulière où ils ont mis leur peuple, dans l'ascendant qu'ils ont eu sur des hommes libres, dans les préjugés qu'ils ont vaincus, dans les passions qu'ils ont soumises.

Le Paraguay peut nous fournir un autre exemple. On a voulu en faire un crime à la *société*, qui regarde le plaisir de commander comme le seul bien de la vie : mais il sera toujours beau de gouverner les hommes en les rendant heureux [3].

[1] Florus, liv. I.

[2] *In fece Romuli.* Cicéron.

[3] Les Indiens du Paraguay ne dépendent point d'un seigneur particulier, ne paient qu'un cinquième des tributs, et ont des armes à feu pour se défendre.

Il est glorieux pour elle d'avoir été la première qui ait montré dans ces contrées l'idée de la religion jointe à celle de l'humanité. En réparant les dévastations des Espagnols, elle a commencé à guérir une des grandes plaies qu'ait encore reçues le genre humain.

Un sentiment exquis qu'a cette société pour tout ce qu'elle appelle *honneur*, son zèle pour une religion qui humilie bien plus ceux qui l'écoutent que ceux qui la prêchent, lui ont fait entreprendre de grandes choses, et elle y a réussi. Elle a retiré des bois des peuples dispersés; elle leur a donné une subsistance assurée; elle les a vêtus : et, quand elle n'auroit fait par là qu'augmenter l'industrie parmi les hommes, elle auroit beaucoup fait.

Ceux qui voudront faire des institutions pareilles établiront la communauté de biens de la république de Platon, ce respect qu'il demandoit pour les dieux, cette séparation d'avec les étrangers pour la conservation des mœurs, et la cité faisant le commerce et non pas les citoyens : ils donneront nos arts sans notre luxe, et nos besoins sans nos desirs.

Ils proscriront l'argent, dont l'effet est de gros-

sir la fortune des hommes au-delà des bornes que
la nature y avoit mises, d'apprendre à conserver
inutilement ce qu'on avoit amassé de même, de
multiplier à l'infini les desirs, et de suppléer à la
nature, qui nous avoit donné des moyens très
bornés d'irriter nos passions, et de nous corrompre les uns les autres.

« Les Épidamniens [1], sentant leurs mœurs se
« corrompre par leur communication avec les bar-
« bares, élurent un magistrat pour faire tous les
« marchés au nom de la cité et pour la cité. » Pour
lors, le commerce ne corrompt pas la constitution, et la constitution ne prive pas la société des
avantages du commerce.

[1] Plutarque, *Demande des choses grecques*

CHAPITRE VII.

En quel cas ces institutions singulières peuvent être bonnes.

Ces sortes d'institutions peuvent convenir dans les républiques, parceque la vertu politique en est le principe : mais, pour porter à l'honneur dans les monarchies, ou pour inspirer de la crainte dans les états despotiques, il ne faut pas tant de soins.

Elles ne peuvent d'ailleurs avoir lieu que dans un petit état [1], où l'on peut donner une éducation générale, et élever tout un peuple comme une famille.

Les lois de Minos, de Lycurgue et de Platon, supposent une attention singulière de tous les citoyens les uns sur les autres. On ne peut se pro-

[1] Comme étoient les villes de la Grèce.

mettre cela dans la confusion, dans les négligences, dans l'étendue des affaires d'un grand
peuple.

Il faut, comme on l'a dit, bannir l'argent dans
ces institutions. Mais, dans les grandes sociétés,
le nombre, la variété, l'embarras, l'importance
des affaires, la facilité des achats, la lenteur des
échanges, demandent une mesure commune. Pour
porter par-tout sa puissance, ou la défendre par-
tout, il faut avoir ce à quoi les hommes ont at-
taché par-tout la puissance.

CHAPITRE VIII.

Explication d'un paradoxe des anciens, par rapport
aux mœurs.

Polybe, le judicieux Polybe, nous dit que la
musique étoit nécessaire pour adoucir les mœurs
des Arcades qui habitoient un pays où l'air est
triste et froid, que ceux de Cynète qui négli-

gèrent la musique, surpassèrent en cruauté tous les Grecs, et qu'il n'y a point de ville où l'on ait vu tant de crimes. Platon ne craint point de dire que l'on ne peut faire de changement dans la musique, qui n'en soit un dans la constitution de l'état. Aristote, qui semble n'avoir fait sa *Politique* que pour opposer ses sentiments à ceux de Platon, est pourtant d'accord avec lui touchant la puissance de la musique sur les mœurs. Théophraste, Plutarque [1], Strabon [2], tous les anciens ont pensé de même. Ce n'est point une opinion jetée sans réflexion; c'est un des principes de leur politique [3]. C'est ainsi qu'ils donnoient des lois, c'est ainsi qu'ils vouloient qu'on gouvernât les cités.

Je crois que je pourrois expliquer ceci. Il faut se mettre dans l'esprit que, dans les villes grecques, sur-tout celles qui avoient pour principal

[1] Vie de Pélopidas.

[2] Liv. I.

[3] Platon, liv. IV des Lois, dit que les préfectures de la musique et de la gymnastique sont les plus importants emplois de la cité; et, dans sa République, liv. III, *Damon vous dira, dit-il, quels sont les sons capables de faire naître la bassesse de l'ame, l'insolence, et les vertus contraires.*

objet la guerre, tous les travaux et toutes les professions qui pouvoient conduire à gagner de l'argent étoient regardés comme indignes d'un homme libre. « La plupart des arts, dit Xéno- « phon [1], corrompent le corps de ceux qui les « exercent; ils obligent de s'asseoir à l'ombre, « ou près du feu : on n'a de temps, ni pour ses « amis, ni pour la république. » Ce ne fut que dans la corruption de quelques démocraties que les artisans parvinrent à être citoyens. C'est ce qu'Aristote [2] nous apprend; et il soutient qu'une bonne république ne leur donnera jamais le droit de cité [3].

L'agriculture étoit encore une profession ser- vile, et ordinairement c'étoit quelque peuple vaincu qui l'exerçoit : les Ilotes, chez les Lacé- démoniens; les Périéciens, chez les Crétois : les

[1] Liv. V. Dits mémorables (a).

[2] Politique, liv. III, chap. IV.

[3] Diophante, dit Aristote, Politiq. ch. VII, établit au- trefois à Athènes que les artisans seroient esclaves du public.

(a) Il y a ici une erreur : cet ouvrage de Xénophon n'a que quatre livres.

Pénestes, chez les Thessaliens; d'autres peuples [1] esclaves, dans d'autres républiques.

Enfin tout bas commerce [2] étoit infame chez les Grecs. Il auroit fallu qu'un citoyen eût rendu des services à un esclave, à un locataire, à un étranger : cette idée choquoit l'esprit de la liberté grecque; aussi Platon [3] veut-il, dans ses *Lois*, qu'on punisse un citoyen qui feroit le commerce.

On étoit donc fort embarrassé dans les républiques grecques. On ne vouloit pas que les citoyens travaillassent au commerce, à l'agriculture, ni aux arts; on ne vouloit pas non plus qu'ils fussent oisifs [4]. Ils trouvoient une occupation

[1] Aussi Platon et Aristote veulent-ils que les esclaves cultivent les terres. Lois, liv. VII; Politiq., liv. VII, chap. x. Il est vrai que l'agriculture n'étoit pas par-tout exercée par des esclaves : au contraire, comme dit Aristote, les meilleures républiques étoient celles où les citoyens s'y attachoient. Mais cela n'arriva que par la corruption des anciens gouvernements, devenus démocratiques; car, dans les premiers temps, les villes de Grèce vivoient dans l'aristocratie.

[2] *Cauponatio.*

[3] Liv. II.

[4] Aristote, Politique, liv. X.

dans les exercices qui dépendoient de la gymnastique, et dans ceux qui avoient du rapport à
la guerre [1]. L'institution ne leur en donnoit point
d'autres. Il faut donc regarder les Grecs comme
une société d'athlètes et de combattants. Or ces
exercices, si propres à faire des gens durs et sauvages [2], avoient besoin d'être tempérés par d'autres qui pussent adoucir les mœurs. La musique,
qui tient à l'esprit par les organes du corps, étoit
très propre à cela. C'est un milieu entre les
exercices du corps qui rendent les hommes durs,
et les sciences de spéculation qui les rendent
sauvages. On ne peut pas dire que la musique
inspirât la vertu; cela seroit inconcevable : mais
elle empêchoit l'effet de la férocité de l'institution, et faisoit que l'ame avoit dans l'éducation
une part qu'elle n'y auroit point eue.

Je suppose qu'il y ait parmi nous une société
de gens si passionnés pour la chasse, qu'ils s'en

----

1 *Ars corporum exercendorum, gymnastica ; variis certami-
nibus terendorum, pædotribica.* Aristote, Politiq., liv. VIII,
chap. III.

2 Aristote dit que les enfants des Lacédémoniens, qui
commençoient ces exercices dès l'âge le plus tendre, en
contractoient trop de férocité. Polit., liv. VIII, chap. IV.

occupassent uniquement; il est sûr qu'ils en contracteroient une certaine rudesse. Si ces mêmes gens venoient à prendre encore du goût pour la musique, on trouveroit bientôt de la différence dans leurs manières et dans leurs mœurs. Enfin, les exercices des Grecs n'excitoient en eux qu'un genre de passions, la rudesse, la colère, **la cruauté**. La musique les excite toutes, et peut faire sentir à l'ame la douceur, la pitié, la tendresse, le doux plaisir. Nos auteurs de morale, qui, parmi nous, proscrivent si fort les théâtres, nous font assez sentir le pouvoir que la musique a sur nos ames.

Si à la société dont j'ai parlé on ne donnoit que des tambours et des airs de trompette, n'est-il pas vrai que l'on parviendroit moins à son but que si l'on donnoit une musique tendre? Les anciens avoient donc raison lorsque, dans certaines circonstances, ils préféroient pour les mœurs un mode à un autre.

Mais, dira-t-on, pourquoi choisir la musique par préférence? C'est que, de tous les plaisirs des sens, il n'y en a aucun qui corrompe moins l'ame. Nous rougissons de lire, dans Plutarque [1],

[1] Vie de Pélopidas.

que les Thébains, pour adoucir les mœurs de
leurs jeunes gens, établirent par les lois un amour
qui devroit être proscrit par toutes les nations
du monde.

FIN DU LIVRE QUATRIÈME.

LIVRE CINQUIÈME.

QUE LES LOIS QUE LE LÉGISLATEUR DONNE DOIVENT ÊTRE RELATIVES AU PRINCIPE DU GOUVERNEMENT.

CHAPITRE PREMIER.

Idée de ce livre.

Nous venons de voir que les lois de l'éducation doivent être relatives au principe de chaque gouvernement. Celles que le législateur donne à toute la société sont de même. Ce rapport des lois avec ce principe tend tous les ressorts du gouvernement, et ce principe en reçoit à son tour une nouvelle force. C'est ainsi que, dans les

mouvements physiques, l'action est toujours suivie d'une réaction.

Nous allons examiner ce rapport dans chaque
gouvernement; et nous commencerons par l'état
républicain, qui a la vertu pour principe.

CHAPITRE II.

Ce que c'est que la vertu dans l'état politique.

LA vertu, dans une république, est une chose
très simple; c'est l'amour de la république: c'est
un sentiment, et non une suite de connoissances;
le dernier homme de l'état peut avoir ce sentiment, comme le premier. Quand le peuple a
une fois de bonnes maximes, il s'y tient plus
long-temps que ce qu'on appelle les honnêtes
gens. Il est rare que la corruption commence par
lui. Souvent il a tiré de la médiocrité de ses lumières un attachement plus fort pour ce qui est
établi.

L'amour de la patrie conduit à la bonté des mœurs, et la bonté des mœurs mène à l'amour de la patrie. Moins nous pouvons satisfaire nos passions particulières, plus nous nous livrons aux générales. Pourquoi les moines aiment-ils tant leur ordre? c'est justement par l'endroit qui fait qu'il leur est insupportable. Leur règle les prive de toutes les choses sur lesquelles les passions ordinaires s'appuient: reste donc cette passion pour la règle même qui les afflige. Plus elle est austère, c'est-à-dire plus elle retranche de leurs penchants, plus elle donne de force à ceux qu'elle leur laisse.

CHAPITRE III.

Ce que c'est que l'amour de la république dans la démocratie.

L'amour de la république, dans une démocratie, est celui de la démocratie; l'amour de la démocratie est celui de l'égalité.

L'amour de la démocratie est encore l'amour de la frugalité. Chacun, devant y avoir le même bonheur et les mêmes avantages, y doit goûter les mêmes plaisirs, et former les mêmes espérances ; chose qu'on ne peut attendre que de la frugalité générale.

L'amour de l'égalité, dans une démocratie, borne l'ambition au seul désir, au seul bonheur de rendre à sa patrie de plus grands services que les autres citoyens. Ils ne peuvent pas lui rendre tous des services égaux ; mais ils doivent tous également lui en rendre. En naissant, on contracte envers elle une dette immense, dont on ne peut jamais s'acquitter.

Ainsi les distinctions y naissent du principe de l'égalité, lors même qu'elle paroît ôtée par des services heureux, ou par des talents supérieurs.

L'amour de la frugalité borne le désir d'avoir, à l'attention que demande le nécessaire pour sa famille, et même le superflu pour sa patrie. Les richesses donnent une puissance dont un citoyen ne peut pas user pour lui ; car il ne seroit pas égal. Elles procurent des délices dont il ne doit pas jouir non plus, parcequ'elles choqueroient l'égalité tout de même.

Aussi les bonnes démocraties, en établissant la frugalité domestique, ont-elles ouvert la porte aux dépenses publiques, comme on fit à Athènes et à Rome. Pour lors, la magnificence et la profusion naissoient du fond de la frugalité même; et, comme la religion demande qu'on ait les mains pures pour faire des offrandes aux dieux, les lois vouloient des mœurs frugales, pour qu'on l'on pût donner à sa patrie.

Le bon sens et le bonheur des particuliers consiste beaucoup dans la médiocrité de leurs talents et de leurs fortunes. Une république où les lois auront formé beaucoup de gens médiocres, composée de gens sages, se gouvernera sagement; composée de gens heureux, elle sera très-heureuse.

CHAPITRE IV.

Comment on inspire l'amour de l'égalité et de la frugalité

L'AMOUR de l'égalité et celui de la frugalité sont extrèmement excités par l'égalité et la frugalité mêmes, quand on vit dans une société où les lois ont établi l'une et l'autre.

Dans les monarchies et les états despotiques, personne n'aspire à l'égalité; cela ne vient pas même dans l'idée : chacun y tend à la supériorité. Les gens des conditions les plus basses ne desirent d'en sortir que pour être les maîtres des autres.

Il en est de même de la frugalité : pour l'aimer, il faut en jouir. Ce ne seront point ceux qui sont corrompus par les délices, qui aimeront la vie frugale; et, si cela avoit été naturel et ordinaire, Alcibiade n'auroit pas fait l'admiration de l'univers. Ce ne seront pas non plus ceux qui envient

ou qui admirent le luxe des autres, qui aimeront
la frugalité : des gens qui n'ont devant les yeux
que des hommes riches, ou des hommes miséra-
bles comme eux, détestent leur misère sans aimer
ou connoître ce qui fait le terme de la misère.

C'est donc une maxime très vraie que, pour
que l'on aime l'égalité et la frugalité dans une
république, il faut que les lois les y aient établies.

CHAPITRE V.

Comment les lois établissent l'égalité dans la démocratie.

Quelques législateurs anciens, comme Lycurgue
et Romulus, partagèrent également les terres.
Cela ne pouvoit avoir lieu que dans la fondation
d'une république nouvelle; ou bien lorsque l'ancienne étoit si corrompue, et les esprits dans une
telle disposition, que les pauvres se croyoient
obligés de chercher et les riches obligés de souffrir un pareil remède.

Si, lorsque le législateur fait un pareil partage, il ne donne pas des lois pour le maintenir,
il ne fait qu'une constitution passagère : l'inégalité entrera par le côté que les lois n'auront pas
défendu, et la république sera perdue.

Il faut donc que l'on règle, dans cet objet, les
dots des femmes, les donations, les successions,
les testaments, enfin toutes les manières de con-
tracter. Car, s'il étoit permis de donner son bien
à qui on voudroit, et comme on voudroit, chaque
volonté particulière troubleroit la disposition de
la foi fondamentale.

Solon, qui permettoit à Athènes de laisser son
bien à qui on vouloit par testament, pourvu
qu'on n'eût point d'enfants [1], contredisoit les lois
anciennes, qui ordonnoient que les biens restas-
sent dans la famille du testateur [2]. Il contredisoit
les siennes propres; car, en supprimant les dettes,
il avoit cherché l'égalité.

C'étoit une bonne loi pour la démocratie que
celle qui défendoit d'avoir deux hérédités [3]. Elle

[1] Plutarque, vie de Solon.
[2] Ibid.
[3] Philolaüs de Corinthe établit à Athènes que le nombre

prenoit son origine du partage égal des terres et des portions données à chaque citoyen. La loi n'avoit pas voulu qu'un seul homme eût plusieurs portions.

La loi qui ordonnoit que le plus proche parent épousât l'héritière, naissoit d'une source pareille. Elle est donnée chez les Juifs après un pareil partage. Platon[1], qui fonde ses lois sur ce partage, la donne de même; et c'étoit une loi athénienne.

Il y avoit à Athènes une loi dont je ne sache pas que personne ait connu l'esprit. Il étoit permis d'épouser sa sœur consanguine, et non pas sa sœur utérine[2]. Cet usage tiroit son origine des républiques, dont l'esprit étoit de ne pas mettre sur la même tête deux portions de fonds de terre, et par conséquent deux hérédités. Quand

des portions de terre et celui des hérédités seroit toujours le même. Aristote, Polit., liv. II, chap. XII.

1 République, liv. VIII.

2 *Cornelius Nepos*, *in præfat*. Cet usage étoit des premiers temps. Aussi Abraham dit-il de Sara : *Elle est ma sœur, fille de mon père, et non de ma mère*. Les mêmes raisons avoient fait établir une même loi chez différents peuples.

un homme épousoit sa sœur du côté du père, il
ne pouvoit avoir qu'une hérédité, qui étoit celle
de son père ; mais, quand il épousoit sa sœur
utérine, il pouvoit arriver que le père de cette
sœur, n'ayant pas d'enfants mâles, lui laissât sa
succession, et que par conséquent son frère, qui
l'avoit épousée, en eût deux.

Qu'on ne m'objecte pas ce que dit Philon [1],
que, quoique à Athènes on épousât sa sœur consanguine, et non pas sa sœur utérine, on pouvoit
à Lacédémone épouser sa sœur utérine, et non
pas sa sœur consanguine. Car je trouve dans Strabon [2] que, quand à Lacédémone une sœur épousoit son frère, elle avoit, pour sa dot, la moitié
de la portion du frère. Il est clair que cette seconde loi étoit faite pour prévenir les mauvaises
suites de la première. Pour empêcher que le bien
de la famille de la sœur ne passât dans celle du
frère, on donnoit en dot à la sœur la moitié du
bien du frère.

Sénèque, parlant de Silanus, qui avoit épousé
sa sœur, dit qu'à Athènes la permission étoit res-

____

[1] *De specialibus legibus quæ pertinent ad præcepta decalogi.*
[2] **Liv. X.**

treinte, et qu'elle étoit générale à Alexandrie [1]. Dans le gouvernement d'un seul, il n'étoit guère question de maintenir le partage des biens.

Pour maintenir ce partage des terres dans la démocratie, c'étoit une bonne loi que celle qui vouloit qu'un père qui avoit plusieurs enfants, en choisît un pour succéder à sa portion [2], et donnât les autres en adoption à quelqu'un qui n'eût point d'enfants, afin que le nombre des citoyens pût toujours se maintenir égal à celui des partages.

Phaléas de Chalcédoine [3] avoit imaginé une façon de rendre égales les fortunes dans une république où elles ne l'étoient pas. Il vouloit que les riches donnassent des dots aux pauvres, et n'en reçussent pas ; et que les pauvres reçussent de l'argent pour leurs filles, et n'en donnassent pas. Mais je ne sache point qu'aucune république se soit accommodée d'un règlement pareil. Il met les citoyens sous des conditions dont les différences sont si frappantes, qu'ils haïroient cette

[1] *Athenis dimidium licet, Alexandriæ totum.* Senec., *de morte Claudii.*

[2] Platon fait une pareille loi, liv. III des Lois.

[3] Aristote, Polit., liv. II, chap. vii.

égalité même que l'on chercheroit à introduire. Il est bon quelquefois que les lois ne paroissent pas aller si directement au but qu'elles se proposent.

Quoique dans la démocratie l'égalité réelle soit l'ame de l'état, cependant elle est si difficile à établir, qu'une exactitude extrême à cet égard ne conviendroit pas toujours. Il suffit que l'on établisse un cens [1] qui réduise ou fixe les différences à un certain point ; après quoi, c'est à des lois particulières à égaliser, pour ainsi dire, les inégalités, par les charges qu'elles imposent aux riches, et le soulagement qu'elles accordent aux pauvres. Il n'y a que les richesses médiocres qui puissent donner ou souffrir ces sortes de compensations ; car, pour les fortunes immodérées, tout ce qu'on ne leur accorde pas de puissance et d'honneur, elles le regardent comme une injure.

Toute inégalité dans la démocratie doit être

[1] Solon fit quatre classes : la première, de ceux qui avoient cinq cents mines de revenu, tant en grains, qu'en fruits liquides ; la seconde, de ceux qui en avoient trois cents, et pouvoient entretenir un cheval ; la troisième, de ceux qui n'en avoient que deux cents ; la quatrième, de tous ceux qui vivoient de leurs bras. Plutarque, Vie de Solon.

tirée de la nature de la démocratie, et du principe même de l'égalité. Par exemple, on y peut craindre que des gens qui auroient besoin d'un travail continuel pour vivre ne fussent trop appauvris par une magistrature, ou qu'ils n'en négligeassent les fonctions ; que des artisans ne s'enorgueillissent ; que des affranchis trop nombreux ne devinssent plus puissants que les anciens citoyens. Dans ces cas, l'égalité entre les citoyens peut être ôtée dans la démocratie pour l'utilité de la démocratie [1]. Mais ce n'est qu'une égalité apparente que l'on ôte : car un homme ruiné par une magistrature seroit dans une pire condition que les autres citoyens ; et ce même homme, qui seroit obligé d'en négliger les fonctions, mettroit les autres citoyens dans une condition pire que la sienne ; et ainsi du reste.

---

[1] Solon exclut des charges tous ceux du quatrième cens.

CHAPITRE VI.

Comment les lois doivent entretenir la frugalité dans
la démocratie.

Il ne suffit pas dans une bonne démocratie,
que les portions de terre soient égales; il faut
qu'elles soient petites, comme chez les Romains.
« A Dieu ne plaise, disoit Curius à ses soldats [1]
« qu'un citoyen estime peu de terre ce qui est
« suffisant pour nourrir un homme. »

Comme l'égalité des fortunes entretient la frugalité, la frugalité maintient l'égalité des fortunes. Ces choses, quoique différentes, sont telles
qu'elles ne peuvent subsister l'une sans l'autre;
chacune d'elles est la cause et l'effet: si l'une se
retire de la démocratie, l'autre la suit toujours.

[1] Ils demandoient une plus grande portion de la terre
conquise. Plutarque, OEuvres morales, vies des anciens
rois et capitaines.

Il est vrai que, lorsque la démocratie est fondée sur le commerce, il peut fort bien arriver que des particuliers y aient de grandes richesses, et que les mœurs n'y soient pas corrompues. C'est que l'esprit de commerce entraîne avec soi celui de frugalité, d'économie, de modération, de travail, de sagesse, de tranquillité, d'ordre, et de règle. Ainsi, tandis que cet esprit subsiste, les richesses qu'il produit n'ont aucun mauvais effet. Le mal arrive lorsque l'excès des richesses détruit cet esprit de commerce : on voit tout-à-coup naître les désordres de l'inégalité, qui ne s'étoient pas encore fait sentir.

Pour maintenir l'esprit de commerce, il faut que les principaux citoyens le fassent eux-mêmes; que cet esprit règne seul, et ne soit point croisé par un autre; que toutes les lois le favorisent; que ces mêmes lois, par leurs dispositions, divisant les fortunes à mesure que le commerce les grossit, mettent chaque citoyen pauvre dans une assez grande aisance pour pouvoir travailler comme les autres, et chaque citoyen riche dans une telle médiocrité qu'il ait besoin de son travail pour conserver ou pour acquérir.

C'est une très bonne loi dans une république

commerçante que celle qui donne à tous les enfants une portion égale dans la succession des
pères. Il se trouve par là que, quelque fortune
que le père ait faite, ses enfants, toujours moins
riches que lui, sont portés à fuir le luxe, et à
travailler comme lui. Je ne parle que des républiques commerçantes; car, pour celles qui ne
le sont pas, le législateur a bien d'autres règle-
ments à faire [1].

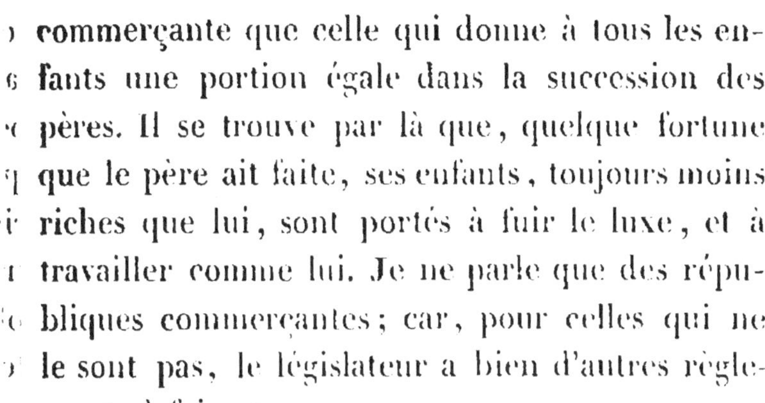

Il y avoit, dans la Grèce, deux sortes de républiques : les unes étoient militaires, comme
Lacédémone ; d'autres étoient commerçantes,
comme Athènes. Dans les unes on vouloit que
les citoyens fussent oisifs; dans les autres on
cherchoit à donner de l'amour pour le travail.
Solon fit un crime de l'oisiveté, et voulut que
chaque citoyen rendît compte de la manière dont
il gagnoit sa vie. En effet, dans une bonne démocratie, où l'on ne doit dépenser que pour le
nécessaire, chacun doit l'avoir; car de qui le
recevroit-on ?

1 On y doit borner beaucoup les dots des femmes.

CHAPITRE VII.

Autres moyens de favoriser le principe de la démocratie.

On ne peut pas établir un partage égal des terres dans toutes les démocraties. Il y a des circonstances où un tel arrangement seroit impraticable, dangereux, et choqueroit même la constitution. On n'est pas toujours obligé de prendre les voies extrêmes. Si l'on voit, dans une démocratie, que ce partage, qui doit maintenir les mœurs, n'y convienne pas, il faut avoir recours à d'autres moyens.

Si l'on établit un corps fixe qui soit par lui-même la règle des mœurs, un sénat où l'âge, la vertu, la gravité, les services, donnent entrée ; les sénateurs, exposés à la vue du peuple comme les simulacres des dieux, inspireront des sentiments qui seront portés dans le sein de toutes les familles.

Il faut sur-tout que ce sénat s'attache aux insti

tutions anciennes, et fasse en sorte que le peuple et les magistrats ne s'en départent jamais.

Il y a beaucoup à gagner, en fait de mœurs, à garder les coutumes anciennes. Comme les peuples corrompus font rarement de grandes choses ; qu'ils n'ont guère établi de sociétés, fondé de villes, donné de lois ; et qu'au contraire ceux qui avoient des mœurs simples et austères ont fait la plupart des établissements ; rappeler les hommes aux maximes anciennes, c'est ordinairement les ramener à la vertu.

De plus, s'il y a eu quelque révolution, et que l'on ait donné à l'état une forme nouvelle, cela n'a guère pu se faire qu'avec des peines et des travaux infinis, et rarement avec l'oisiveté et des mœurs corrompues. Ceux mêmes qui ont fait la révolution ont voulu la faire goûter ; et ils n'ont guère pu y réussir que par de bonnes lois. Les institutions anciennes sont donc ordinairement des corrections ; et les nouvelles, des abus. Dans le cours d'un long gouvernement, on va au mal par une pente insensible, et on ne remonte au bien que par un effort.

On a douté si les membres du sénat dont nous parlons doivent être à vie, ou choisis pour un

temps. Sans doute qu'ils doivent être choisis pour
la vie, comme cela se pratiquoit à Rome[1], à
Lacédémone[2], et à Athènes même. Car il ne
faut pas confondre ce qu'on appeloit le sénat à
Athènes, qui étoit un corps qui changeoit tous
les trois mois, avec l'aréopage, dont les membres
étoient établis pour la vie comme des modèles
perpétuels.

Maxime générale : dans un sénat fait pour être
la règle, et, pour ainsi dire, le dépôt des mœurs,
les sénateurs doivent être élus pour la vie ; dans
un sénat fait pour préparer les affaires, les sénateurs peuvent changer.

L'esprit, dit Aristote, vieillit comme le corps.
Cette réflexion n'est bonne qu'à l'égard d'un magistrat unique, et ne peut être appliquée à une
assemblée de sénateurs.

1 Les magistrats y étoient annuels, et les sénateurs pour
la vie.

2 Lycurgue, dit Xénophon, *de republ. Laced.*, voulut
« qu'on élût les sénateurs parmi les vieillards, pour qu'ils
« ne se négligeassent pas, même à la fin de la vie : et, en
« les établissant juges du courage des jeunes gens, il a
« rendu la vieillesse de ceux-là plus honorable que la force
« de ceux-ci. »

Outre l'aréopage, il y avoit à Athènes des
gardiens des mœurs, et des gardiens des lois [1].

A Lacédémone, tous les vieillards étoient censeurs. A Rome, deux magistrats particuliers
avoient la censure. Comme le sénat veille sur le
peuple, il faut que des censeurs aient les yeux
sur le peuple et sur le sénat. Il faut qu'ils réta-
blissent dans la république tout ce qui a été corrompu ; qu'ils notent la tiédeur, jugent les négligences, et corrigent les fautes, comme les lois
punissent les crimes.

La loi romaine qui vouloit que l'accusation de
l'adultère fût publique étoit admirable pour maintenir la pureté des mœurs : elle intimidoit les
femmes ; elle intimidoit aussi ceux qui devoient
veiller sur elles.

Rien ne maintient plus les mœurs qu'une extrême subordination des jeunes gens envers les
vieillards. Les uns et les autres seront contenus,
ceux-là par le respect qu'ils auront pour les vieillards, et ceux-ci par le respect qu'ils auront pour
eux-mêmes.

Rien ne donne plus de force aux lois que la su-

____

[1] L'aréopage lui-même étoit soumis à la censure.

bordination extrême des citoyens aux magistrats[1].

« La grande différence que Lycurgue a mise entre
« Lacédémone et les autres cités, dit Xénophon,
« consiste en ce qu'il a sur-tout fait que les ci-
« toyens obéissent aux lois : ils courent lorsque le
« magistrat les appelle. Mais à Athènes un homme
« riche seroit au désespoir que l'on crût qu'il dé-
« pendît du magistrat. »

L'autorité paternelle est encore très utile pour
maintenir les mœurs. Nous avons déja dit que,
dans une république, il n'y a pas une force si ré-
primante que dans les autres gouvernements. Il
faut donc que les lois cherchent à y suppléer :
elles le font par l'autorité paternelle.

A Rome, les pères avoient droit de vie et de
mort sur leurs enfants[2]. A Lacédémone, chaque
père avoit droit de corriger l'enfant d'un autre.

---

1 République de Lacédémone.

2 On peut voir dans l'histoire romaine avec quel avan-
tage pour la république on se servit de cette puissance.
Je ne parlerai que du temps de la plus grande corruption.
Aulus Fulvius s'étoit mis en chemin pour aller trouver
Catilina ; son père le rappela , et le fit mourir. Salluste ,
de bello Catil. Plusieurs autres citoyens firent de même.
Dion , liv. XXXVII.

La puissance paternelle se perdit à Rome avec la république. Dans les monarchies, où l'on n'a que faire de mœurs si pures, on veut que chacun vive sous la puissance des magistrats.

Les lois de Rome, qui avoient accoutumé les jeunes gens à la dépendance, établirent une longue minorité. Peut-être avons-nous eu tort de prendre cet usage : dans une monarchie on n'a pas besoin de tant de contrainte.

Cette même subordination dans la république y pourroit demander que le père restât pendant sa vie le maître des biens de ses enfants, comme il fut réglé à Rome. Mais cela n'est pas de l'esprit de la monarchie.

CHAPITRE VIII.

Comment les lois doivent se rapporter au principe du gouvernement dans l'aristocratie.

Si dans l'aristocratie le peuple est vertueux, on y jouira à peu près du bonheur du gouvernement populaire, et l'état deviendra puissant. Mais, comme il est rare que, là où les fortunes des hommes sont si inégales, il y ait beaucoup de vertu, il faut que les lois tendent à donner, autant qu'elles peuvent, un esprit de modération, et cherchent à rétablir cette égalité que la constitution de l'état ôte nécessairement.

L'esprit de modération est ce qu'on appelle la vertu dans l'aristocratie : il y tient la place de l'esprit d'égalité dans l'état populaire.

Si le faste et la splendeur qui environnent les rois font une partie de leur puissance, la modestie et la simplicité des manières font la force des nobles aristocratiques [1]. Quand ils n'affectent aucune distinction, quand ils se confondent avec le peuple, quand ils sont vêtus comme lui, quand ils lui font partager tous leurs plaisirs, il oublie sa foiblesse.

---

[1] De nos jours, les Vénitiens, qui, à bien des égards, se sont conduits très sagement, décidèrent, sur une dispute entre un noble vénitien et un gentilhomme de Terre-Ferme pour une préséance dans une église, que, hors de Venise, un noble vénitien n'avoit point de prééminence sur un autre citoyen.

Chaque gouvernement a sa nature et son principe. Il ne faut donc pas que l'aristocratie prenne la nature et le principe de la monarchie; ce qui arriveroit, si les nobles avoient quelques prérogatives personnelles et particulières, distinctes de celles de leur corps. Les priviléges doivent être pour le sénat, et le simple respect pour les sénateurs.

Il y a deux sources principales de désordres dans les états aristocratiques : l'inégalité extrême entre ceux qui gouvernent et ceux qui sont gouvernés; et la même inégalité entre les différents membres du corps qui gouverne. De ces deux inégalités résultent des haines et des jalousies que les lois doivent prévenir ou arrêter.

La première inégalité se trouve principalement lorsque les priviléges des principaux ne sont honorables que parcequ'ils sont honteux au peuple. Telle fut à Rome la loi qui défendoit aux patriciens de s'unir par mariage aux plébéiens [1]; ce qui n'avoit d'autre effet que de rendre, d'un côté, les patriciens plus superbes, et, de l'autre,

---

[1] Elle fut mise par les décemvirs dans les deux dernières tables. Voyez Denys d'Halicarnasse, liv. X.

plus odieux. Il faut voir les avantages qu'en ti-
rèrent les tribuns dans leurs harangues.

Cette inégalité se trouvera encore, si la condition des citoyens est différente par rapport
aux subsides ; ce qui arrive de quatre manières :
lorsque les nobles se donnent le privilége de
n'en point payer ; lorsqu'ils font des fraudes
pour s'en exempter [1] ; lorsqu'ils les appellent à
eux, sous prétexte de rétributions ou d'appointements pour les emplois qu'ils exercent ; enfin
quand ils rendent le peuple tributaire, et se par-
tagent les impôts qu'ils lèvent sur lui. Ce dernier
cas est rare ; une aristocratie, en cas pareil, est
le plus dur de tous les gouvernements.

Pendant que Rome inclina vers l'aristocratie,
elle évita très bien ces inconvénients. Les magistrats ne tiroient jamais d'appointements de leur
magistrature. Les principaux de la république
furent taxés comme les autres ; ils le furent
même plus, et quelquefois ils le furent seuls.
Enfin, bien loin de se partager les revenus de
l'état, tout ce qu'il purent tirer du trésor pu-

____

[1] Comme dans quelques aristocraties de nos jours. Rien
n'affoiblit tant l'état.

blic, tout ce que la fortune leur envoya de richesses, ils le distribuèrent au peuple pour se
faire pardonner leurs honneurs [1].

C'est une maxime fondamentale, qu'autant
que les distributions faites au peuple ont de pernicieux effets dans la démocratie, autant en
ont-elles de bons dans le gouvernement aristocratique. Les premières font perdre l'esprit de
citoyen, les autres y ramènent.

Si l'on ne distribue point les revenus au peuple,
il faut lui faire voir qu'ils sont bien administrés :
les lui montrer, c'est en quelque manière l'en
faire jouir. Cette chaîne d'or que l'on tendoit
à Venise, les richesses que l'on portoit à Rome
dans les triomphes, les trésors que l'on gardoit
dans le temple de Saturne, étoient véritablement
les richesses du peuple.

Il est sur-tout essentiel, dans l'aristocratie,
que les nobles ne lèvent pas les tributs. Le premier ordre de l'état ne s'en mêloit point à Rome :
on en chargea le second ; et cela même eut dans
la suite de grands inconvénients. Dans une aristo-

[1] Voyez, dans Strabon, liv. XIV, comment les Rho-
diens se conduisirent à cet égard.

cratie, qui, par sa nature, n'est pas moins indépendante. En effet les censeurs ne doivent point être recherchés sur les choses qu'ils ont faites pendant leur censure; il faut leur donner de la confiance, jamais du découragement. Les Romains étoient admirables; on pouvoit faire rendre à tous les magistrats [1] raison de leur conduite, excepté aux censeurs [2].

Deux choses sont pernicieuses dans l'aristocratie; la pauvreté extrême des nobles, et leurs richesses exorbitantes. Pour prévenir leur pauvreté, il faut sur-tout les obliger de bonne heure à payer leurs dettes. Pour modérer leurs richesses, il faut des dispositions sages et insensibles; non pas des confiscations, des lois agraires, des abolitions de dettes, qui font des maux infinis.

Les lois doivent ôter le droit d'aînesse entre les

[1] Voyez Tite Live, liv. XLIX. Un censeur ne pouvoit pas même être troublé par un censeur : chacun faisoit sa note, sans prendre l'avis de son collègue; et, quand on fit autrement, la censure fut, pour ainsi dire, renversée.

[2] A Athènes, les logistes, qui faisoient rendre compte à tous les magistrats, ne rendoient point compte eux-mêmes.

nobles [1] ; afin que, par le partage continuel des successions, les fortunes se remettent toujours dans l'égalité.

Il ne faut point de substitutions, de retraits lignagers, de majorats, d'adoptions. Tous les moyens inventés pour perpétuer la grandeur des familles dans les états monarchiques ne sauroient être d'usage dans l'aristocratie [2].

Quand les lois ont égalisé les familles il leur reste à maintenir l'union entre elles. Les différents des nobles doivent être promptement décidés : sans cela, les contestations entre les personnes deviennent des contestations entre les familles. Des arbitres peuvent terminer les procès, ou les empêcher de naître.

Enfin il ne faut point que les lois favorisent les distinctions que la vanité met entre les familles, sous prétexte qu'elles sont plus nobles ou plus anciennes : cela doit être mis au rang des petitesses des particuliers.

1 Cela est ainsi établi à Venise. Amelot de La Houssaye, pag. 30 et 31.

2 Il semble que l'objet de quelques aristocraties soit moins de maintenir l'état que ce qu'elles appellent leur noblesse.

On n'a qu'à jeter les yeux sur Lacédémone »
on verra comment les éphores surent mortifier»
les foiblesses des rois, celles des grands, et celles»
du peuple.

CHAPITRE IX.

Comment les lois sont relatives à leur principe dans la monarchie.

L'honneur étant le principe de ce gouvernement, les lois doivent s'y rapporter.

Il faut qu'elles y travaillent à soutenir cette noblesse, dont l'honneur est pour ainsi dire l'enfant et le père.

Il faut qu'elles la rendent héréditaire : non pas pour être le terme entre le pouvoir du prince et la foiblesse du peuple, mais le lien de tous les deux.

Les substitutions, qui conservent les biens dans

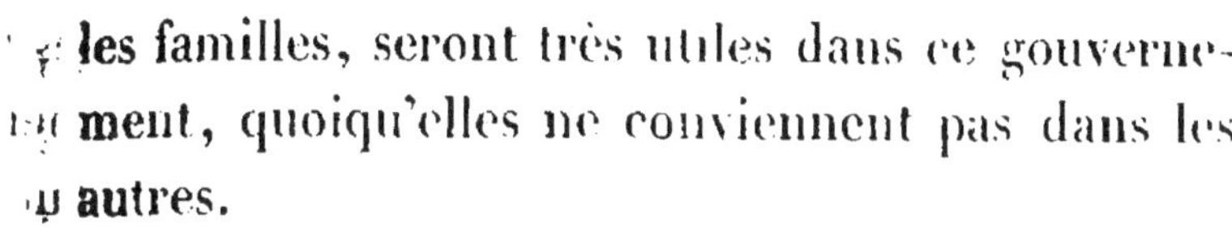

les familles, seront très utiles dans ce gouvernement, quoiqu'elles ne conviennent pas dans les
autres.

Le retrait lignager rendra aux familles nobles
les terres que la prodigalité d'un parent aura alié-
nées.

Les terres nobles auront des priviléges, comme
les personnes. On ne peut pas séparer la dignité
du monarque de celle du royaume; on ne peut
guère séparer non plus la dignité du noble de
celle de son fief.

Toutes ces prérogatives seront particulières à
la noblesse, et ne passeront point au peuple, si
l'on ne veut choquer le principe du gouvernement, si l'on ne veut diminuer la force de la
noblesse et celle du peuple.

Les substitutions gênent le commerce; le retrait lignager fait une infinité de procès nécessaires; et tous les fonds du royaume vendus sont
au moins, en quelque façon, sans maître pendant un an. Des prérogatives attachées à des fiefs
donnent un pouvoir très à charge à ceux qui les
souffrent. Ce sont des inconvénients particuliers
de la noblesse, qui disparoissent devant l'utilité
générale qu'elle procure. Mais, quand on les

communique au peuple, on choque inutilement
tous les principes.

On peut, dans les monarchies, permettre de
laisser la plus grande partie de ses biens à un
seul de ses enfants : cette permission n'est même
bonne que là.

Il faut que les lois favorisent tout le commerce que la constitution de ce gouvernement
peut donner [1], afin que les sujets puissent, sans
périr, satisfaire aux besoins toujours renaissants
du prince et de sa cour.

Il faut qu'elles mettent un certain ordre dans
la manière de lever les tributs, afin qu'elle ne
soit pas plus pesante que les charges mêmes.

La pesanteur des charges produit d'abord le
travail; le travail, l'accablement; l'accablement
l'esprit de paresse.

[1] Elle ne le permet qu'au peuple. Voyez la loi troisième, au code *de comm. et mercatoribus*, qui est pleine de
bon sens.

CHAPITRE X.

De la promptitude de l'exécution dans la monarchie.

Le gouvernement monarchique a un grand avantage sur le républicain : les affaires étant menées par un seul, il y a plus de promptitude dans l'exécution. Mais, comme cette promptitude pourroit dégénérer en rapidité, les lois y mettront une certaine lenteur. Elles ne doivent pas seulement favoriser la nature de chaque constitution, mais encore remédier aux abus qui pourroient résulter de cette même nature.

Le cardinal de Richelieu [1] veut que l'on évite dans les monarchies les épines des compagnies, qui forment des difficultés sur tout. Quand cet homme n'auroit pas eu le despotisme dans le cœur, il l'auroit eu dans la tête.

[1] Testament politique.

Les corps qui ont le dépôt des lois n'obéissent jamais mieux que quand ils vont à pas tardifs, et qu'ils apportent dans les affaires du prince cette réflexion qu'on ne peut guère attendre du défaut de lumières de la cour sur les lois de l'état, ni de la précipitation de ses conseils[1].

Que seroit devenue la plus belle monarchie du monde, si les magistrats, par leurs lenteurs, par leurs plaintes, par leurs prières, n'avoient arrêté le cours des vertus mêmes de ses rois, lorsque ces monarques, ne consultant que leur grande ame, auroient voulu récompenser sans mesure des services rendus avec un courage et une fidélité aussi sans mesure.

[1] Barbaris cunctatio servilis: statim exequi regium videtur. Tacite, *Annales*, liv. V.

CHAPITRE XI.

De l'excellence du gouvernement monarchique.

LE gouvernement monarchique a un grand
avantage sur le despotique. Comme il est de sa
nature qu'il y ait sous le prince plusieurs ordres
qui tiennent à la constitution, l'état est plus fixe,
la constitution plus inébranlable, la personne de
ceux qui gouvernent plus assurée.

Cicéron [1] croit que l'établissement des tribuns
de Rome fut le salut de la république. « En effet,
« dit-il, la force du peuple qui n'a point de chef
« est plus terrible. Un chef sent que l'affaire roule
« sur lui, il y pense : mais le peuple, dans son
« impétuosité, ne connoît point le péril où il se
« jette. » On peut appliquer cette réflexion à un
état despotique, qui est un peuple sans tribuns;

[1] Livre III des Lois.

et à une monarchie où le peuple a en quelque
façon des tribuns.

En effet, on voit par-tout que, dans les mouvements du gouvernement despotique, le peuple
mené par lui-même, porte toujours les choses
aussi loin qu'elles peuvent aller ; tous les désordres qu'il commet sont extrêmes : au lieu que
dans les monarchies, les choses sont très rarement portées à l'excès. Les chefs craignent pour
eux-mêmes ; ils ont peur d'être abandonnés ; les
puissances intermédiaires dépendantes [1] ne veulent pas que le peuple prenne trop le dessus. Il
est rare que les ordres de l'état soient entièrement corrompus. Le prince tient à ces ordres ; et
les séditieux, qui n'ont ni la volonté ni l'espérance de renverser l'état, ne peuvent ni ne veulent renverser le prince.

Dans ces circonstances, les gens qui ont de la
sagesse et de l'autorité s'entremettent ; on prend
des tempéraments, on s'arrange, on se corrige,
les lois reprennent leur vigueur, et se font
écouter.

Aussi toutes nos histoires sont-elles pleines de

[1] Voyez ci dessus la première note du liv. II, ch. iv.

guerres civiles sans révolutions ; celles des états despotiques sont pleines de révolutions sans guerres
civiles.

Ceux qui ont écrit l'histoire des guerres civiles
de quelques états, ceux même qui les ont fomentées, prouvent assez combien l'autorité que les
princes laissent à de certains ordres pour leur
service leur doit être peu suspecte, puisque, dans
l'égarement même, ils ne soupiroient qu'après
les lois et leur devoir, et retardoient la fougue
et l'impétuosité des factieux plus qu'ils ne pouvoient la servir [1].

Le cardinal de Richelieu, pensant peut-être
qu'il avoit trop avili les ordres de l'état, a recours, pour le soutenir, aux vertus du prince et
de ses ministres [2]; et il exige d'eux tant de choses,
qu'en vérité il n'y a qu'un ange qui puisse avoir
tant d'attention, tant de lumières, tant de fermeté, tant de connoissances ; et on peut à peine
se flatter que, d'ici à la dissolution des monarchies, il puisse y avoir un prince et des ministres
pareils.

[1] Mémoires du cardinal de Retz, et autres histoires.
[2] Testament politique.

14

Comme les peuples qui vivent sous une bonne police sont plus heureux que ceux qui, sans règles et sans chefs, errent dans les forêts; aussi les monarques qui vivent sous les lois fondamentales de leur état, sont-ils plus heureux que les princes despotiques qui n'ont rien qui puisse régler le cœur de leurs peuples, ni le leur.

CHAPITRE XII.

Continuation du même sujet.

Qu'on n'aille point chercher de la magnanimité dans les états despotiques; le prince n'y donneroit point une grandeur qu'il n'a pas lui-même : chez lui il n'y a pas de gloire.

C'est dans les monarchies que l'on verra autour du prince les sujets recevoir ses rayons; c'est là que chacun, tenant, pour ainsi dire, un plus grand espace, peut exercer ces vertus qui donnent à l'ame, non pas de l'indépendance, mais de la grandeur.

CHAPITRE XIII.

Idée du despotisme.

Quand les sauvages de la Louisiane veulent avoir du fruit, ils coupent l'arbre au pied, et cueillent le fruit [1]. Voilà le gouvernement despotique.

CHAPITRE XIV.

Comment les lois sont relatives au principe du gouvernement despotique.

Le gouvernement despotique a pour principe la crainte : mais, à des peuples timides, igno-

[1] Lettres édifiantes, recueil II, p. 315.

rants, abattus, il ne faut pas beaucoup de lois.

Tout y doit rouler sur deux ou trois idées : il n'en faut donc pas de nouvelles. Quand vous instruisez une bête, vous vous donnez bien de garde de lui faire changer de maître, de leçons et d'allure ; vous frappez son cerveau par deux ou trois mouvements, et pas davantage.

Lorsque le prince est enfermé, il ne peut sortir du séjour de la volupté sans désoler tous ceux qui l'y retiennent. Ils ne peuvent souffrir que sa personne et son pouvoir passent en d'autres mains. Il fait donc rarement la guerre en personne, et il n'ose guère la faire par ses lieutenants.

Un prince pareil, accoutumé, dans son palais, à ne trouver aucune résistance, s'indigne de celle qu'on lui fait les armes à la main : il est donc ordinairement conduit par la colère ou par la vengeance. D'ailleurs, il ne peut avoir d'idée de la vraie gloire. Les guerres doivent donc s'y faire dans toute leur fureur naturelle, et le droit des gens y avoir moins d'étendue qu'ailleurs. Un tel prince a tant de défauts qu'il faudroit craindre d'exposer au grand jour sa stupidité naturelle. Il est caché, et l'on ignore l'état où il se trouve. Par bonheur, les hommes sont tels dans ce pays,

qu'ils n'ont besoin que d'un nom qui les gouverne.

Charles XII étant à Bender, trouvant quelque résistance dans le sénat de Suède, écrivit qu'il leur enverroit une de ses bottes pour commander. Cette botte auroit commandé comme un roi despotique.

Si le prince est prisonnier, il est censé être mort, et un autre monte sur le trône. Les traités que fait le prisonnier sont nuls ; son successeur ne les ratifieroit pas. En effet, comme il est les lois, l'état et le prince, et que, sitôt qu'il n'est plus le prince, il n'est rien, s'il n'étoit pas censé mort, l'état seroit détruit.

Une des choses qui détermina le plus les Turcs à faire leur paix séparée avec Pierre Ier, fut que les Moscovites dirent au visir qu'en Suède on avoit mis un autre roi sur le trône [1].

La conservation de l'état n'est que la conservation du prince, ou plutôt du palais où il est enfermé. Tout ce qui ne menace pas directement ce palais ou la ville capitale, ne fait point d'impression sur des esprits ignorants, orgueilleux,

[1] Suite de Puffendorff, histoire universelle, au traité de la Suède, chap. x.

et prévenus; et, quant à l'enchaînement des évènements, ils ne peuvent le suivre, le prévoir, y penser même. La politique, ses ressorts et ses lois, y doivent être très bornés; et le gouvernement politique y est aussi simple que le gouvernement civil [1].

Tout se réduit à concilier le gouvernement politique et civil avec le gouvernement domestique, les officiers de l'état avec ceux du sérail.

Un pareil état sera dans la meilleure situation lorsqu'il pourra se regarder comme seul dans le monde : qu'il sera environné de déserts, et séparé des peuples qu'il appellera barbares. Ne pouvant compter sur la milice, il sera bon qu'il détruise une partie de lui-même.

Comme le principe du gouvernement despotique est la crainte, le but en est la tranquillité : mais ce n'est point une paix, c'est le silence de ces villes que l'ennemi est près d'occuper.

La force n'étant pas dans l'état, mais dans l'armée qui l'a fondé, il faudroit, pour défendre l'état, conserver cette armée : mais elle est formi-

[1] Selon M. Chardin, il n'y a point de conseil d'état en Perse.

dable au prince. Comment donc concilier la sûreté de l'état avec la sûreté de la personne?

Voyez, je vous prie, avec quelle industrie le gouvernement moscovite cherche à sortir du despotisme, qui lui est plus pesant qu'aux peuples mêmes. On a cassé les grands corps de troupes, on a diminué les peines des crimes, on a établi des tribunaux, on a commencé à connoître les lois, on a instruit les peuples. Mais il y a des causes particulières qui le ramèneront peut-être au malheur qu'il vouloit fuir.

Dans ces états, la religion a plus d'influence que dans aucun autre; elle est une crainte ajoutée à la crainte. Dans les empires mahométans, c'est de la religion que les peuples tirent en partie le respect étonnant qu'ils ont pour leur prince.

C'est la religion qui corrige un peu la constitution turque. Les sujets, qui ne sont pas attachés à la gloire et à la grandeur de l'état par honneur, le sont par la force et par le principe de la religion.

De tous les gouvernements despotiques, il n'y en a point qui s'accable plus lui-même que celui où le prince se déclare propriétaire de tous les fonds de terre, et l'héritier de tous ses sujets : il

en résulte toujours l'abandon de la culture des
terres; et, si d'ailleurs le prince est marchand,
toute espèce d'industrie est ruinée.

Dans ces états, on ne répare, on n'améliore
rien; on ne bâtit de maisons que pour la vie;
on ne fait point de fossés, on ne plante point
d'arbres; on tire tout de la terre, on ne lui rend
rien; tout est en friche, tout est désert.

Pensez-vous que des lois qui ôtent la propriété
des fonds de terre et la succession des biens, di-
minueront l'avarice et la cupidité des grands?
Non: elles irriteront cette cupidité et cette avarice. On sera porté à faire mille vexations, parcequ'on ne croira avoir en propre que l'or ou
l'argent que l'on pourra voler ou cacher.

Pour que tout ne soit pas perdu, il est bon
que l'avidité du prince soit modérée par quelque
coutume. Ainsi, en Turquie, le prince se con-
tente ordinairement de prendre trois pour cent
sur les successions des gens du peuple. Mais,

Voyez Ricaut, État de l'empire ottoman, p. 106.
Voyez, sur les successions des Turcs, Lacédémone
ancienne et moderne. Voyez aussi Ricaut, de l'empire
ottoman.

le grand-seigneur donne la plupart des terres à sa milice, et en dispose à sa fantaisie; comme il se saisit de toutes les successions des officiers de l'empire; comme, lorsqu'un homme meurt sans enfants mâles, le grand-seigneur a la propriété, et que les filles n'ont que l'usufruit, il arrive que la plupart des biens de l'état sont possédés d'une manière précaire.

Par la loi de Bantam [1], le roi prend la succession, même la femme, les enfants, et la maison. On est obligé, pour éluder la plus cruelle disposition de cette loi, de marier les enfants à huit, neuf, ou dix ans, et quelquefois plus jeunes, afin qu'ils ne se trouvent pas faire une malheureuse partie de la succession du père.

Dans les états où il n'y a point de loi fondamentale, la succession à l'empire ne sauroit être fixe. La couronne y est élective par le prince, dans sa famille ou hors de sa famille. En vain seroit-il établi que l'aîné succéderoit; le prince

---

[1] Recueil des voyages qui ont servi à l'établissement de la compagnie des Indes, tome Ier. La loi de Pégu est moins cruelle : si l'on a des enfants, le roi ne succède qu'aux deux tiers. Ibid, tome III, page 1.

en pourroit toujours choisir un autre. Le successeur est déclaré par le prince lui-même, ou par ses ministres, ou par une guerre civile. Ainsi cet état a une raison de dissolution de plus qu'une monarchie.

Chaque prince de la famille royale ayant une égale capacité pour être élu, il arrive que celui qui monte sur le trône fait d'abord étrangler ses frères, comme en Turquie; ou les fait aveugler, comme en Perse; ou les rend fous, comme chez le Mogol; ou, si l'on ne prend point ces précautions, comme à Maroc, chaque vacance de trône est suivie d'une affreuse guerre civile.

Par les constitutions de Moscovie[1], le czar peut choisir qui il veut pour son successeur, soit dans sa famille, soit hors de sa famille. Un tel établissement de succession cause mille révolutions, et rend le trône aussi chancelant que la succession est arbitraire. L'ordre de succession étant une des choses qu'il importe le plus au peuple de savoir, le meilleur est celui qui frappe le plus les yeux, comme la naissance et un cer-

---

[1] Voyez les différentes constitutions, sur-tout celle de 1722.

tain ordre de naissance. Une telle disposition
arrête les brigues, étouffe l'ambition ; on ne cap-
tive plus l'esprit d'un prince foible, et l'on ne
fait point parler les mourants.

Lorsque la succession est établie par une loi
fondamentale, un seul prince est le successeur,
et ses frères n'ont aucun droit réel ou apparent
de lui disputer la couronne. On ne peut présu-
mer ni faire valoir une volonté particulière du
père. Il n'est donc pas plus question d'arrêter ou
de faire mourir le frère du roi, que quelque
autre sujet que ce soit.

Mais, dans les états despotiques, où les frères
du prince sont également ses esclaves et ses rivaux, la prudence veut que l'on s'assure de leurs
personnes, sur-tout dans les pays mahométans,
où la religion regarde la victoire ou le succès
comme un jugement de Dieu; de sorte que personne n'y est souverain de droit, mais seulement
de fait.

L'ambition est bien plus irritée dans des états
où des princes du sang voient que, s'ils ne
montent pas sur le trône, ils seront enfermés ou
mis à mort, que parmi nous, où les princes du
sang jouissent d'une condition qui, si elle n'est

pas si satisfaisante pour l'ambition, l'est peut-être plus pour les desirs modérés.

Les princes des états despotiques ont toujours abusé du mariage. Ils prennent ordinairement plusieurs femmes, sur-tout dans la partie du monde où le despotisme est pour ainsi dire naturalisé, qui est l'Asie. Ils en ont tant d'enfants qu'ils ne peuvent guère avoir d'affection pour eux, ni ceux-ci pour leurs frères.

La famille régnante ressemble à l'état : elle est trop foible, et son chef est trop fort ; elle paroît étendue, et elle se réduit à rien. Artaxerxès [1] fit mourir tous ses enfants pour avoir conjuré contre lui. Il n'est pas vraisemblable que cinquante enfants conspirent contre leur père ; et encore moins qu'ils conspirent parcequ'il n'a pas voulu céder sa concubine à son fils aîné. Il est plus simple de croire qu'il y a là quelque intrigue de ces sérails d'Orient, de ces lieux où l'artifice, la méchanceté, la ruse, règnent dans le silence, et se couvrent d'une épaisse nuit ; où un vieux prince, devenu tous les jours plus imbécile, est le premier prisonnier du palais.

[1] Voyez Justin.

Après tout ce que nous venons de dire, il
sembleroit que la nature humaine se soulèveroit
sans cesse contre le gouvernement despotique ;
mais, malgré l'amour des hommes pour la liberté,
malgré leur haine contre la violence, la plupart
des peuples y sont soumis : cela est aisé à comprendre. Pour former un gouvernement modéré,
il faut combiner les puissances, les régler, les
tempérer, les faire agir ; donner, pour ainsi dire,
un lest à l'une pour la mettre en état de résister
à une autre : c'est un chef-d'œuvre de législation que le hasard fait rarement, et que rarement on laisse faire à la prudence. Un gouvernement despotique, au contraire, saute, pour ainsi
dire, aux yeux ; il est uniforme par-tout : comme
il ne faut que des passions pour l'établir, tout
le monde est bon pour cela.

CHAPITRE XV.

Continuation du même sujet.

Dans les climats chauds, où règne ordinairement le despotisme, les passions se font plus tôt
sentir, et elles sont aussi plus tôt amorties [1];
l'esprit y est plus avancé; les périls de la dissi-
pation des biens y sont moins grands; il y a
moins de facilité de se distinguer, moins de commerce entre les jeunes gens renfermés dans la
maison; on s'y marie de meilleure heure : on y
peut donc être majeur plus tôt que dans nos climats d'Europe. En Turquie, la majorité commence à quinze ans [2].

[1] Voyez le livre des Lois dans leur rapport avec la nature du climat.

[2] La Guilletière, Lacédémone ancienne et moderne,
page 463.

La cession de biens n'y peut avoir lieu. Dans un gouvernement où personne n'a de fortune assurée, on prête plus à la personne qu'aux biens.

Elle entre naturellement dans les gouvernements modérés [1], et sur-tout dans les républiques, à cause de la plus grande confiance que l'on doit avoir dans la probité des citoyens, et de la douceur que doit inspirer une forme de gouvernement que chacun semble s'être donnée lui-même.

Si dans la république romaine les législateurs avoient établi la cession de biens [2], on ne seroit pas tombé dans tant de séditions et de discordes civiles, et on n'auroit point essuyé les dangers des maux, ni les périls des remèdes.

La pauvreté et l'incertitude des fortunes, dans les états despotiques, y naturalisent l'usure, chacun augmentant le prix de son argent à proportion du péril qu'il y a à le prêter. La misère vient donc de toutes parts dans ces pays malheureux ;

[1] Il en est de même des atermoiements dans les banqueroutes de bonne foi.

[2] Elle ne fut établie que par la loi Julia, *de cessione bonorum*. On évitoit la prison, et la cession de biens n'étoit pas ignominieuse, Cod., liv. II, titre XII.

I. 15

tout y est ôté, jusqu'à la ressource des emprunts.

Il arrive de là qu'un marchand n'y sauroit faire un grand commerce ; il vit au jour la journée ; s'il se chargeoit de beaucoup de marchandises, il perdroit plus par les intérêts qu'il donneroit pour les payer qu'il ne gagneroit sur les marchandises. Aussi les lois sur le commerce n'y ont-elles guère de lieu ; elles se réduisent à la simple police.

Le gouvernement ne sauroit être injuste, sans avoir des mains qui exercent ses injustices : or il est impossible que ces mains ne s'emploient pour elles-mêmes. Le péculat est donc naturel dans les états despotiques.

Ce crime y étant le crime ordinaire, les confiscations y sont utiles. Par là on console le peuple ; l'argent qu'on en tire est un tribut considérable, que le prince léveroit difficilement sur des sujets abymés : il n'y a même, dans ces pays, aucune famille qu'on veuille conserver.

Dans les états modérés, c'est tout autre chose. Les confiscations rendroient la propriété des biens incertaine ; elles dépouilleroient des enfans innocents ; elles détruiroient une famille, lorsqu'il ne s'agiroit que de punir un coupable. Dans les républiques, elles feroient le mal d'ôter l'égalité qui en fait l'ame, en privant un citoyen de son nécessaire physique [1].

Une loi romaine veut [2] qu'on ne confisque que dans le cas du crime de lèse-majesté au premier chef. Il seroit souvent très sage de suivre l'esprit de cette loi, et de borner les confiscations à de certains crimes. Dans les pays où une coutume locale a disposé des propres, Bodin [3] dit très bien qu'il ne faudroit confisquer que les acquêts.

CHAPITRE XVI.

De la communication du pouvoir.

Dans le gouvernement despotique, le pouvoir passe tout entier dans les mains de celui à qui on

1 Il me semble qu'on aimoit trop les confiscations dans la république d'Athènes.

2 Authent. *Bona damnatorum*. Cod. de bon. proscript seu damn.

3 Liv. V, chap. III.

le confie. Le visir est le despote lui-même, et
chaque officier particulier est le visir. Dans le
gouvernement monarchique, le pouvoir s'applique moins immédiatement ; le monarque, en le
donnant, le tempère [1]. Il fait une telle distribution de son autorité, qu'il n'en donne jamais une
partie qu'il n'en retienne une plus grande.

Ainsi, dans les états monarchiques, les gouverneurs particuliers des villes ne relèvent pas tellement du gouverneur de la province, qu'ils ne relèvent du prince encore davantage ; et les officiers
particuliers des corps militaires ne dépendent pas
tellement du général, qu'ils ne dépendent du
prince encore plus.

Dans la plupart des états monarchiques, on a
sagement établi que ceux qui ont un commandement un peu étendu ne soient attachés à aucun
corps de milice ; de sorte que, n'ayant de commandement que par une volonté particulière du
prince, pouvant être employés et ne l'être pas, ils
sont en quelque façon dans le service, et en quelque façon dehors.

[1] Ut esse Phœbi dulcius lumen solet
Jamjam cadentis......

Ceci est incompatible avec le gouvernement despotique. Car, si ceux qui n'ont pas un emploi actuel avoient néanmoins des prérogatives et des titres, il y auroit dans l'état des hommes grands par eux-mêmes; ce qui choqueroit la nature de ce gouvernement.

Que si le gouverneur d'une ville étoit indépendant du bacha, il faudroit tous les jours des tempéraments pour les accommoder; chose absurde dans un gouvernement despotique. Et, de plus, le gouverneur particulier pouvant ne pas obéir, comment l'autre pourroit-il répondre de sa province sur sa tête?

Dans ce gouvernement, l'autorité ne peut être balancée: celle du moindre magistrat ne l'est pas plus que celle du despote. Dans les pays modérés, la loi est par-tout sage, elle est par-tout connue, et les plus petits magistrats peuvent la suivre. Mais dans le despotisme, où la loi n'est que la volonté du prince, quand le prince seroit sage, comment un magistrat pourroit-il suivre une volonté qu'il ne connoît pas? Il faut qu'il suive la sienne.

Il y a plus; c'est que la loi n'étant que ce que le prince veut, et le prince ne pouvant vouloir

que ce qu'il connoît, il faut bien qu'il y ait une
infinité de gens qui veuillent pour lui et comme
lui.

Enfin, la loi étant la volonté momentanée du
prince, il est nécessaire que ceux qui veulent pour
lui veuillent subitement comme lui.

CHAPITRE XVII.

Des présents.

C'est un usage dans les pays despotiques que
l'on n'aborde qui que ce soit au-dessus de soi sans
lui faire un présent, pas même les rois. L'empereur du Mogol [1] ne reçoit point les requêtes de
ses sujets qu'il n'en ait reçu quelque chose. Ces
princes vont jusqu'à corrompre leurs propres
graces.

[1] Recueil des voyages qui ont servi à l'établissement de
la compagnie des Indes, tome I, page 80.

Cela doit être ainsi dans un gouvernement où personne n'est citoyen; dans un gouvernement où l'on est plein de l'idée que le supérieur ne doit rien à l'inférieur; dans un gouvernement où les hommes ne se croient liés que par les châtiments que les uns exercent sur les autres; dans un gouvernement où il y a peu d'affaires, et où il est rare que l'on ait besoin de se présenter devant un grand, de lui faire des demandes, et encore moins des plaintes.

Dans une république, les présents sont une chose odieuse, parceque la vertu n'en a pas besoin. Dans une monarchie, l'honneur est un motif plus fort que les présents. Mais, dans l'état despotique, où il n'y a ni honneur ni vertu, on ne peut être déterminé à agir que par l'espérance des commodités de la vie.

C'est dans les idées de la république que Platon[1] vouloit que ceux qui reçoivent des présents pour faire leur devoir fussent punis de mort. *Il n'en faut prendre*, disoit-il, *ni pour les choses bonnes, ni pour les mauvaises.*

---

[1] Livre XII des Lois.

C'étoit une mauvaise loi que cette loi romaine [1] qui permettoit aux magistrats de prendre de petits présents [2], pourvu qu'ils ne passassent pas cent écus dans toute l'année. Ceux à qui on ne donne rien ne desirent rien ; ceux à qui on donne un peu desirent bientôt un peu plus, et ensuite beaucoup. D'ailleurs, il est plus aisé de convaincre celui qui, ne devant rien prendre, prend quelque chose, que celui qui prend plus, lorsqu'il devroit prendre moins, et qui trouve toujours, pour cela, des prétextes, des excuses, des causes, et des raisons plausibles.

CHAPITRE XVIII.

Des récompenses que le souverain donne.

Dans les gouvernements despotiques, où, comme nous avons dit, on n'est déterminé à agir que par

[1] Leg. 6, §. 2, dig. *ad leg. Jul. repet.*
[2] *Munuscula.*

l'espérance des commodités de la vie, le prince qui récompense n'a que de l'argent à donner. Dans une monarchie, où l'honneur règne seul, le prince ne récompenseroit que par des distinctions, si les distinctions que l'honneur établit n'étoient jointes à un luxe qui donne nécessairement des besoins : le prince y récompense donc par des honneurs qui mènent à la fortune. Mais, dans une république, où la vertu règne, motif qui se suffit à lui-même et qui exclut tous les autres, l'état ne récompense que par des témoignages de cette vertu.

C'est une règle générale, que les grandes récompenses, dans une monarchie et dans une république, sont un signe de leur décadence, parcequ'elles prouvent que leurs principes sont corrompus ; que, d'un côté, l'idée de l'honneur n'y a plus tant de force ; que, de l'autre, la qualité de citoyen s'est affoiblie.

Les plus mauvais empereurs romains ont été ceux qui ont le plus donné ; par exemple, Caligula, Claude, Néron, Othon, Vitellius, Commode, Héliogabale, et Caracalla. Les meilleurs, comme Auguste, Vespasien, Antonin Pie, Marc Aurèle, et Pertinax, ont été économes. Sous les bons empereurs, l'état reprenoit ses principes : le trésor de l'honneur suppléoit aux autres trésors.

CHAPITRE XIX.

Nouvelles conséquences des principes des trois gouvernements.

Je ne puis me résoudre à finir ce livre sans faire encore quelques applications de mes trois principes.

Première question. Les lois doivent-elles forcer un citoyen à accepter les emplois publics ? Je dis qu'elles le doivent dans le gouvernement républicain, et non pas dans le monarchique. Dans le premier, les magistratures sont des témoignages de vertu, des dépôts que la patrie confie à un citoyen, qui ne doit vivre, agir et penser que pour elle : il ne peut donc pas les refuser [1]. Dans

---

1 Platon, dans sa République, liv. VIII, met ces refus

le second, les magistratures sont des témoignages d'honneur : or, telle est la bizarrerie de l'honneur, qu'il se plaît à n'en accepter aucun que quand il veut, et de la manière qu'il veut.

Le feu roi de Sardaigne [1] punissoit ceux qui refusoient les dignités et les emplois de son état. Il suivoit, sans le savoir, des idées républicaines. Sa manière de gouverner d'ailleurs prouve assez que ce n'étoit pas là son intention.

SECONDE QUESTION. Est-ce une bonne maxime, qu'un citoyen puisse être obligé d'accepter, dans l'armée, une place inférieure à celle qu'il a occupée ? On voyoit souvent, chez les Romains, le capitaine servir, l'année d'après, sous son lieutenant [2]. C'est que, dans les républiques, la vertu demande qu'on fasse à l'état un sacrifice continuel

au nombre des marques de la corruption de la république. Dans ses Lois, liv. VI, il veut qu'on les punisse par une amende. A Venise, on les punit par l'exil.

[1] Victor Amédée.

[2] Quelques centurions ayant appelé au peuple, pour demander l'emploi qu'ils avoient eu : « Il est juste, mes « compagnons, dit un centurion, que vous regardiez comme « honorables tous les postes où vous défendrez la répu- « blique. » Tite Live, liv. XLII.

de soi-même et de ses répugnances. Mais, dans les monarchies, l'honneur, vrai ou faux, ne peut souffrir ce qu'il appelle se dégrader.

Dans les gouvernements despotiques, où l'on abuse également de l'honneur, des postes, et des rangs, on fait indifféremment d'un prince un goujat, et d'un goujat un prince.

TROISIÈME QUESTION. Mettra-t-on sur une même tête les emplois civils et militaires? Il faut les unir dans la république, et les séparer dans la monarchie. Dans les républiques, il seroit bien dangereux de faire de la profession des armes un état particulier, distingué de celui qui a les fonctions civiles; et, dans les monarchies, il n'y auroit pas moins de péril à donner les deux fonctions à la même personne.

On ne prend les armes, dans la république, qu'en qualité de défenseur des lois et de la patrie : c'est parceque l'on est citoyen qu'on se fait, pour un temps, soldat. S'il y avoit deux états distingués, on feroit sentir à celui qui, sous les armes, se croit citoyen, qu'il n'est que soldat.

Dans les monarchies, les gens de guerre n'ont pour objet que la gloire, ou du moins l'honneur ou la fortune. On doit bien se garder de donner les emplois civils à des hommes pareils : il faut, au contraire, qu'ils soient contenus par les magistrats civils ; et que les mêmes gens n'aient pas en même temps la confiance du peuple, et la force pour en abuser [1].

Voyez, dans une nation où la république se cache sous la forme de la monarchie, combien l'on craint un état particulier de gens de guerre, et comment le guerrier reste toujours citoyen, ou même magistrat, afin que ces qualités soient un gage pour la patrie, et qu'on ne l'oublie jamais.

Cette division de magistratures en civiles et militaires, faite par les Romains après la perte de la république, ne fut pas une chose arbitraire : elle fut une suite du changement de la constitution de Rome : elle étoit de la nature du gouvernement monarchique ; et ce qui ne fut que commencé sous Auguste [2], les empereurs suivants [3]

[1] Ne imperium ad optimos nobilium transferretur, senatum militià vetuit Gallienus ; etiàm adire exercitum Aurelius Victor, *de viris illustribus*.

[2] Auguste ôta aux sénateurs, proconsuls, et gouverneurs, le droit de porter les armes. Dion, liv. XXXIII.

[3] Constantin. Voy. Zozime, liv. II.

furent obligés de l'achever, pour tempérer le gouvernement militaire.

Ainsi Procope, concurrent de Valens à l'empire, n'y entendoit rien, lorsque, donnant à Hormisdas, prince du sang royal de Perse, la dignité de proconsul [1], il rendit à cette magistrature le commandement des armées, qu'elle avoit autrefois; à moins qu'il n'eût des raisons particulières. Un homme qui aspire à la souveraineté cherche moins ce qui est utile à l'état que ce qui l'est à sa cause.

QUATRIÈME QUESTION. Convient-il que les charges soient vénales? Elles ne doivent pas l'être dans les états despotiques, où il faut que les sujets soient placés ou déplacés dans un instant par le prince.

Cette vénalité est bonne dans les états monarchiques, parcequ'elle fait faire, comme un métier de famille, ce qu'on ne voudroit pas entreprendre pour la vertu; qu'elle destine chacun à son devoir, et rend les ordres de l'état plus perma-

---

1 Ammian Marcellin, liv. XXVI. *More veterum, et civilia, et bella recturo.*

nents. Suidas [1] dit très bien qu'Anastase avoit fait de l'empire une espèce d'aristocratie, en vendant toutes les magistratures.

Platon [2] ne peut souffrir cette vénalité. « C'est, « dit-il, comme si, dans un navire, on faisoit « quelqu'un pilote ou matelot pour son argent. « Seroit-il possible que la règle fût mauvaise dans « quelque autre emploi que ce fut de la vie, et « bonne seulement pour conduire une républi- « que? » Mais Platon parle d'une république fondée sur la vertu, et nous parlons d'une monarchie. Or, dans une monarchie, où, quand les charges ne se vendroient pas par un règlement public, l'indigence et l'avidité des courtisans les vendroient tout de même; le hasard donnera de meilleurs sujets que le choix du prince. Enfin, la manière de s'avancer par les richesses inspire et entretient l'industrie [3]; chose dont cette espèce de gouvernement a grand besoin.

CINQUIÈME QUESTION. Dans quel gouvernement

---

[1] Fragments tirés des ambassades de Constantin Porphyrogénète.

[2] République, liv. VIII.

[3] Paresse de l'Espagne; on y donne tous les emplois.

faut-il des censeurs? Il en faut dans une république, où le principe du gouvernement est la
vertu. Ce ne sont pas seulement les crimes qui
détruisent la vertu; mais encore les négligences,
les fautes, une certaine tiédeur dans l'amour de
la patrie, des exemples dangereux, des semences
de corruption; ce qui ne choque point les lois,
mais les élude; ce qui ne les détruit pas, mais
les affoiblit : tout cela doit être corrigé par les
censeurs.

On est étonné de la punition de cet aréopa-
gite qui avoit tué un moineau qui, poursuivi par
un épervier, s'étoit réfugié dans son sein. On est
surpris que l'aréopage ait fait mourir un enfant
qui avoit crevé les yeux à son oiseau. Qu'on fasse
attention qu'il ne s'agit point là d'une condamnation pour crime, mais d'un jugement de mœurs,
dans une république fondée sur les mœurs.

Dans les monarchies, il ne faut point de censeurs : elles sont fondées sur l'honneur; et la nature de l'honneur est d'avoir pour censeur tout
l'univers. Tout homme qui y manque est soumis
aux reproches de ceux mêmes qui n'en ont point.

Là, les censeurs seroient gâtés par ceux mêmes
qu'ils devroient corriger. Ils ne seroient pas bons

contre la corruption d'une monarchie; mais la corruption d'une monarchie seroit trop forte contre eux.

On sent bien qu'il ne faut point de censeurs dans les gouvernements despotiques. L'exemple de la Chine semble déroger à cette règle : mais nous verrons, dans la suite de cet ouvrage, les raisons singulières de cet établissement.

FIN DU LIVRE CINQUIÈME.

LIVRE SIXIÈME.

CONSÉQUENCES DES PRINCIPES DES DIVERS GOUVER-
NEMENTS, PAR RAPPORT A LA SIMPLICITÉ DES
LOIS CIVILES ET CRIMINELLES, LA FORME DES
JUGEMENTS, ET L'ÉTABLISSEMENT DES PEINES.

CHAPITRE PREMIER.

*De la simplicité des lois civiles dans les divers
gouvernements.*

LE gouvernement monarchique ne comporte
pas des lois aussi simples que le despotique. Il
y faut des tribunaux. Ces tribunaux donnent des
décisions. Elles doivent être conservées; elles doivent être apprises, pour que l'on y juge aujour-

d'hui comme l'on y jugea hier, et que la propriété et la vie des citoyens y soient assurées
et fixes comme la constitution même de l'état.

Dans une monarchie, l'administration d'une
justice qui ne décide pas seulement de la vie et
des biens, mais aussi de l'honneur, demande des
recherches scrupuleuses. La délicatesse du juge
augmente à mesure qu'il a un plus grand dépôt,
et qu'il prononce sur de plus grands intérêts.

Il ne faut donc pas être étonné de trouver
dans les lois de ces états tant de règles, de restrictions, d'extensions, qui multiplient les cas
particuliers, et semblent faire un art de la raison même.

La différence de rang, d'origine, de condition,
qui est établie dans le gouvernement monarchique,
entraîne souvent des distinctions dans la nature
des biens; et des lois relatives à la constitution
de cet état peuvent augmenter le nombre de ces
distinctions. Ainsi, parmi nous, les biens sont
propres, acquêts ou conquêts; dotaux, parapher-
naux; paternels et maternels; meubles de plusieurs espèces; libres, substitués; du lignage, ou
non; nobles, en franc-alleu, ou roturiers; rentes
foncières ou constituées à prix d'argent. Chaque

sorte de biens est soumise à des règles particulières; il faut les suivre pour en disposer; ce qui
ôte encore de la simplicité.

Dans nos gouvernements les fiefs sont devenus
héréditaires. Il a fallu que la noblesse eût une
certaine consistance, afin que le propriétaire du
fief fût en état de servir le prince. Cela a dû produire bien des variétés : par exemple, il y a des
pays où l'on n'a pu partager les fiefs entre les
frères; dans d'autres, les cadets ont pu avoir
leur subsistance avec plus d'étendue.

Le monarque, qui connoît chacune de ses provinces, peut établir diverses lois, ou souffrir
différentes coutumes. Mais le despote ne connoît
rien, et ne peut avoir d'attention sur rien; il
lui faut une allure générale; il gouverne par une
volonté rigide qui est par-tout la même; tout
s'aplanit sous ses pieds.

A mesure que les jugements des tribunaux se
multiplient dans les monarchies, la jurisprudence
se charge de décisions qui quelquefois se contre-
disent, ou parceque les juges qui se succèdent
pensent différemment, ou parceque les mêmes
affaires sont tantôt bien, tantôt mal défendues,
ou enfin par une infinité d'abus qui se glissent

dans tout ce qui passe par la main des hommes. C'est un mal nécessaire que le législateur corrige de temps en temps, comme contraire même à l'esprit des gouvernements modérés. Car, quand on est obligé de recourir aux tribunaux, il faut que cela vienne de la nature de la constitution, et non pas des contradictions et de l'incertitude des lois.

Dans les gouvernements où il y a nécessairement des distinctions dans les personnes, il faut qu'il y ait des priviléges. Cela diminue encore la simplicité, et fait mille exceptions.

Un des priviléges le moins à charge à la société, et sur-tout à celui qui le donne, c'est de plaider devant un tribunal plutôt que devant un autre. Voilà de nouvelles affaires; c'est-à-dire celles où il s'agit de savoir devant quel tribunal il faut plaider.

Les peuples des états despotiques sont dans un cas bien différent. Je ne sais sur quoi, dans ces pays, le législateur pourroit statuer, ou le magistrat juger. Il suit de ce que les terres appartiennent au prince, qu'il n'y a presque point de lois civiles sur la propriété des terres. Il suit du droit que le souverain a de succéder, qu'il n'y en a pas non plus sur les successions. Le négoce exclusif qu'il fait dans quelques pays rend inutiles toutes sortes de lois sur le commerce. Les mariages que l'on y contracte avec des filles esclaves font qu'il n'y a guère de lois civiles sur les dots et sur les avantages des femmes. Il résulte encore de cette prodigieuse multitude d'esclaves, qu'il n'y a presque point de gens qui aient une volonté propre, et qui par conséquent doivent répondre de leur conduite devant un juge. La plupart des actions morales, qui ne sont que les volontés du père, du mari, du maître, se règlent par eux, et non par les magistrats.

J'oubliois de dire que ce que nous appelons l'honneur étant à peine connu dans ces états, toutes les affaires qui regardent cet honneur, qui est un si grand chapitre parmi nous, n'y ont point de lieu. Le despotisme se suffit à lui-même; tout est vide autour de lui. Aussi, lorsque les voyageurs nous décrivent les pays où il règne, rarement nous parlent-ils de lois civiles [1].

---

[1] Au Mazulipatan, on n'a pu découvrir qu'il y eût de loi écrite. Voyez le Recueil des voyages qui ont servi à l'établissement de la compagnie des Indes, tome IV, partie

Toutes les occasions de dispute et de procès y sont donc ôtées. C'est ce qui fait en partie qu'on y maltraite si fort les plaideurs : l'injustice de leur demande paroit à découvert, n'étant pas cachée, palliée, ou protégée par une infinité de lois.

CHAPITRE II.

De la simplicité des lois criminelles dans les divers gouvernements.

On entend dire sans cesse qu'il faudroit que la justice fût rendue par-tout comme en Turquie. Il n'y aura donc que les plus ignorants de tous les peuples qui auront vu clair dans la chose du

première, page 391. Les Indiens ne se règlent, dans les jugements, que sur de certaines coutumes. Le Vedam et autres livres pareils ne contiennent point de lois civiles, mais des préceptes religieux. Voyez Lettres édifiantes, quatorzième recueil.

monde qu'il importe le plus aux hommes de savoir?

Si vous examinez les formalités de la justice par rapport à la peine qu'a un citoyen à se faire rendre son bien, ou à obtenir satisfaction de quelque outrage, vous en trouverez sans doute trop. Si vous les regardez dans le rapport qu'elles ont avec la liberté et la sûreté des citoyens, vous en trouverez souvent trop peu; et vous verrez que les peines, les dépenses, les longueurs, les dangers même de la justice, sont le prix que chaque citoyen donne pour sa liberté.

En Turquie, où l'on fait très peu d'attention à la fortune, à la vie, à l'honneur des sujets, on termine promptement, d'une façon ou d'une autre, toutes les disputes. La manière de les finir est indifférente, pourvu qu'on finisse. Le bacha, d'abord éclairci, fait distribuer, à sa fantaisie, des coups de bâton sur la plante des pieds des plaideurs, et les renvoie chez eux.

Et il seroit bien dangereux que l'on y eût les passions des plaideurs : elles supposent un desir ardent de se faire rendre justice, une haine, une action dans l'esprit, une constance à poursuivre. Tout cela doit être évité dans un gouvernement où il ne faut avoir d'autre sentiment que la crainte, et où tout mène tout-à-coup, et sans qu'on le puisse prévoir, à des révolutions. Chacun doit connoître qu'il ne faut point que le magistrat entende parler de lui, et qu'il ne tient sa sûreté que de son anéantissement.

Mais, dans les états modérés, où la tête du moindre citoyen est considérable, on ne lui ôte son honneur et ses biens qu'après un long examen; on ne le prive de la vie que lorsque la patrie elle-même l'attaque; et elle ne l'attaque qu'en lui laissant tous les moyens possibles de la défendre.

Aussi, lorsqu'un homme se rend plus absolu[1], songe-t-il d'abord à simplifier les lois. On commence dans cet état à être plus frappé des inconvénients particuliers que de la liberté des sujets, dont on ne se soucie point du tout.

On voit que dans les républiques il faut pour le moins autant de formalités que dans les monarchies. Dans l'un et dans l'autre gouvernement, elles augmentent en raison du cas que l'on y fait de l'honneur, de la fortune, de la vie, de la liberté des citoyens.

[1] César, Cromwell, et tant d'autres.

Les hommes sont tous égaux dans le gouvernement républicain; ils sont égaux dans le gouvernement despotique : dans le premier, c'est parcequ'ils sont tout; dans le second, c'est parcequ'ils ne sont rien.

CHAPITRE III.

Dans quels gouvernements et dans quels cas on doit juger selon un texte précis de la loi.

Plus le gouvernement approche de la république, plus la manière de juger devient fixe; et c'étoit un vice de la république de Lacédémone, que les éphores jugeassent arbitrairement, sans qu'il y eût des lois pour les diriger. A Rome, les premiers consuls jugèrent comme les éphores : on en sentit les inconvénients, et l'on fit des lois précises.

Dans les états despotiques, il n'y a point de lois : le juge est lui-même sa règle. Dans les états monarchiques. il y a une loi; et là où elle est précise, le juge la suit; là où elle ne l'est pas, il en cherche l'esprit. Dans le gouvernement républicain, il est de la nature de la constitution que les juges suivent la lettre de la loi. Il n'y a point de citoyen contre qui on puisse interpréter une loi, quand il s'agit de ses biens, de son honneur, ou de sa vie.

A Rome, les juges prononçoient seulement que l'accusé étoit coupable d'un certain crime; et la peine se trouvoit dans la loi, comme on le voit dans diverses lois qui furent faites. De même, en Angleterre, les jurés décident si l'accusé est coupable ou non du fait qui a été porté devant eux; et, s'il est déclaré coupable, le juge prononce la peine que la loi inflige pour ce fait : et, pour cela, il ne lui faut que des yeux.

CHAPITRE IV.

De la manière de former les jugements.

De là suivent les différentes manières de former les jugements. Dans les monarchies, les juges prennent la manière des arbitres; ils délibèrent ensemble, ils se communiquent leurs pensées, ils se concilient; on modifie son avis pour le rendre conforme à celui d'un autre; les avis les moins nombreux sont rappelés aux deux plus grands. Cela n'est point de la nature de la république. A Rome, et dans les villes grecques, les juges ne se communiquoient point : chacun donnoit son avis d'une de ces trois manières, *j'absous, je condamne, il ne me paroît pas* [1] : c'est que le peuple jugeoit ou étoit censé juger. Mais le peuple n'est pas jurisconsulte; toutes ces modifications et tem

---

[1] *Non liquet.*

pératures des arbitres ne sont pas pour lui ; il
faut lui présenter un seul objet, un fait, et un seul
fait ; et qu'il n'ait qu'à voir s'il doit condamner,
absoudre, ou remettre le jugement.

Les Romains, à l'exemple des Grecs, introdui-
sirent des formules d'actions [1], et établirent la
nécessité de diriger chaque affaire par l'action qui
lui étoit propre. Cela étoit nécessaire dans leur
manière de juger : il falloit fixer l'état de la question, pour que le peuple l'eût toujours devant les
yeux. Autrement, dans le cours d'une grande
affaire, cet état de la question changeroit conti-
nuellement, et on ne le reconnoîtroit plus.

De là il suivoit que les juges, chez les Romains,
n'accordoient que la demande précise, sans rien
augmenter, diminuer, ni modifier. Mais les préteurs imaginèrent d'autres formules d'actions,
qu'on appela *de bonne foi* [2], où la manière de
prononcer étoit plus dans la disposition du juge.
Ceci étoit plus conforme à l'esprit de la monarchie. Aussi les jurisconsultes françois disent-ils :

1 *Quas actiones ne populus, prout vellet, institueret, certa
solemnesque esse voluerunt.* Leg. 2, §. 6. dig. de orig. jur.

2 Dans lesquelles on mettoit ces mots : *Ex bonâ fide*

« En France [1], toutes les actions sont de bonne
« foi. »

CHAPITRE V.

Dans quels gouvernements le souverain peut être juge.

MACHIAVEL [2] attribue la perte de la liberté de
Florence à ce que le peuple ne jugeoit pas en
corps, comme à Rome, des crimes de lèse-majesté commis contre lui. Il y avoit pour cela huit
juges établis : mais, dit Machiavel, peu sont corrompus par peu. J'adopterois bien la maxime de
ce grand homme : mais comme dans ces cas l'intérêt politique force pour ainsi dire l'intérêt civil

[1] On y condamne aux dépens celui-là même à qui on
demande plus qu'il ne doit, s'il n'a offert et consigné ce
qu'il doit.

[2] Discours sur la première décade de Tite Live, Liv. I,
chap. VII.

(car c'est toujours un inconvénient que le peuple juge lui-même ses offenses), il faut, pour y remédier, que les lois pourvoient, autant qu'il est en elles, à la sûreté des particuliers.

Dans cette idée, les législateurs de Rome firent deux choses : ils permirent aux accusés de s'exiler [1] avant le jugement [2]; et ils voulurent que les biens des condamnés fussent consacrés, pour que le peuple n'en eût pas la confiscation. On verra dans le livre onzième les autres limitations que l'on mit à la puissance que le peuple avoit de juger.

Solon sut bien prévenir l'abus que le peuple pourroit faire de sa puissance dans le jugement des crimes : il voulut que l'aréopage revît l'affaire; que, s'il croyoit l'accusé injustement absous [3], il l'accusât de nouveau devant le peuple; que, s'il le croyoit injustement condamné [4], il

---

[1] Cela est bien expliqué dans l'oraison de Cicéron *pro Cœcina*, à la fin.

[2] C'étoit une loi d'Athènes, comme il paroît par Démosthène. Socrate refusa de s'en servir.

[3] Démosthène, sur la couronne, page 494, édition de Francfort, de l'an 1604.

[4] Voyez Philostrate, Vies des sophistes, liv. 1, Vie d'Eschine.

arrêtât l'exécution, et lui fit rejuger l'affaire : loi admirable, qui soumettoit le peuple à la censure de la magistrature qu'il respectoit le plus, et à la sienne même !

Il sera bon de mettre quelque lenteur dans des affaires pareilles, sur-tout du moment que l'accusé sera prisonnier, afin que le peuple puisse se calmer et juger de sang froid.

Dans les états despotiques, le prince peut juger lui-même. Il ne le peut dans les monarchies : la constitution seroit détruite ; les pouvoirs intermédiaires dépendants, anéantis ; on verroit cesser toutes les formalités des jugements ; la crainte s'empareroit de tous les esprits ; on verroit la pâleur sur tous les visages ; plus de confiance, plus d'honneur, plus d'amour, plus de sûreté, plus de monarchie.

Voici d'autres réflexions. Dans les états monarchiques, le prince est la partie qui poursuit les accusés, et les fait punir ou absoudre : s'il jugeoit lui-même, il seroit le juge et la partie.

Dans ces mêmes états, le prince a souvent les confiscations : s'il jugeoit les crimes, il seroit encore le juge et la partie.

De plus, il perdroit le plus bel attribut de sa

souveraineté, qui est celui de faire grace[1]. Il
seroit insensé qu'il fît et défît ses jugements : il
ne voudroit pas être en contradiction avec lui-
même.

Outre que cela confondroit toutes les idées, on
ne sauroit si un homme seroit absous, ou s'il recevroit sa grace.

Lorsque Louis XIII voulut être jugé dans le
procès du duc de La Valette[2], et qu'il appela
pour cela dans son cabinet quelques officiers du
parlement et quelques conseillers d'état, le roi
les ayant forcés d'opiner sur le décret de prise de
corps, le président de Bellièvre dit : « Qu'il voyoit
« dans cette affaire une chose étrange, un prince
« opiner au procès d'un de ses sujets ; que les
« rois ne s'étoient réservé que les graces, et qu'ils
« renvoyoient les condamnations vers leurs offi-
« ciers. Et votre majesté voudroit bien voir sur
« la sellette un homme devant elle, qui, par son

---

[1] Platon ne pense pas que les rois, qui sont, dit-il,
prêtres, puissent assister au jugement où l'on condamne
à la mort, à l'exil, à la prison.

[2] Voyez la relation du procès fait à M. le duc de La Valette. Elle est imprimée dans les mémoires de Montrésor,
tome II, page 62.

I.   17

« jugement, iroit dans une heure à la mort ! Que
« la face du prince, qui porte les graces, ne peut
« soutenir cela ; que sa vue seule levoit les inter-
« dits des églises ; qu'on ne devoit sortir que con-
« tent de devant le prince. » Lorsqu'on jugea le
fond, le même président dit, dans son avis :
« Cela est un jugement sans exemple, voire contre
« tous les exemples du passé jusqu'à huy, qu'un
« roi de France ait condamné en qualité de juge,
« par son avis, un gentilhomme à mort [1]. »

Les jugements rendus par le prince seroient
une source intarissable d'injustices et d'abus ; les
courtisans extorqueroient, par leur importunité,
ses jugements. Quelques empereurs romains eurent la fureur de juger ; nuls règnes n'étonnèrent
plus l'univers par leurs injustices.

« Claude, dit Tacite [2], ayant attiré à lui le
« jugement des affaires et les fonctions des ma-
« gistrats, donna occasion à toutes sortes de rapi-
« nes. » Aussi Néron, parvenant à l'empire après
Claude, voulant se concilier les esprits, déclara-
t-il, « Qu'il se garderoit bien d'être le juge de

[1] Cela fut changé dans la suite. Voy. la même relation.
[2] Annal., liv. XI

« toutes les affaires, pour que les accusateurs et
« les accusés, dans les murs d'un palais, ne fussent
« pas exposés à l'inique pouvoir de quelques af-
« franchis [1]. »

« Sous le règne d'Arcadius, dit Zozime [2], la
« nation des calomniateurs se répandit, entoura
« la cour, et l'infecta. Lorsqu'un homme étoit
« mort, on supposoit qu'il n'avoit point laissé
« d'enfants [3] ; on donnoit ses biens par un rescrit.
« Car, comme le prince étoit étrangement stupide,
« et l'impératrice entreprenante à l'excès, elle
« servoit l'insatiable avarice de ses domestiques
« et de ses confidentes ; de sorte que, pour les
« gens modérés, il n'y avoit rien de plus desirable
« que la mort. »

« Il y avoit autrefois, dit Procope [4], fort peu
« de gens à la cour : mais, sous Justinien, comme
« les juges n'avoient plus la liberté de rendre jus-
« tice, leurs tribunaux étoient déserts, tandis que
« le palais du prince retentissoit des clameurs des

[1] Ann., liv. XIII.
[2] Hist., liv. V.
[3] Même désordre sous Théodose le jeune.
[4] Histoire secrète.

17.

« parties qui y sollicitoient leurs affaires. » Tout le monde sait comment on y vendoit les juge- ments, et même les lois.

Les lois sont les yeux du prince; il voit par elles ce qu'il ne pourroit pas voir sans elles. Veut-il faire la fonction des tribunaux, il tra- vaille non pas pour lui, mais pour ses séducteurs contre lui.

CHAPITRE VI.

Que, dans la monarchie, les ministres ne doivent pas juger.

C'est encore un grand inconvénient dans la monarchie, que les ministres du prince jugent eux-mêmes les affaires contentieuses. Nous voyons encore aujourd'hui des états où il y a des juges sans nombre pour décider les affaires fiscales, et où les ministres, qui le croiroit! veulent encore les juger. Les réflexions viennent en foule : je ne ferai que celle-ci.

Il y a, par la nature des choses, une espèce de contradiction entre le conseil du monarque et ses tribunaux. Le conseil des rois doit être composé de peu de personnes; et les tribunaux de judicature en demandent beaucoup. La raison en est que, dans le premier, on doit prendre les affaires avec une certaine passion, et les suivre de même; ce qu'on ne peut guère espérer que de quatre ou cinq hommes qui en font leur affaire. Il faut, au contraire, des tribunaux de judicature de sang froid, et à qui toutes les affaires soient en quelque façon indifférentes.

CHAPITRE VII.

Du magistrat unique.

Un tel magistrat ne peut avoir lieu que dans le gouvernement despotique. On voit dans l'histoire romaine à quel point un juge unique peut abuser de son pouvoir. Comment Appius, sur son tribunal, n'auroit-il pas méprisé les lois, puisqu'il viola même celle qu'il avoit faite [1] ? Tite Live nous apprend l'inique distinction du décemvir. Il avoit aposté un homme qui réclamoit devant lui Virginie comme son esclave : les parents de Virginie lui demandèrent qu'en vertu de sa loi on la leur remît jusqu'au jugement définitif. Il déclara que sa loi n'avoit été faite qu'en faveur du père, et que, Virginius étant absent, elle ne pouvoit avoir d'application [2].

CHAPITRE VIII.

Des accusations dans les divers gouvernements

A Rome [3], il étoit permis à un citoyen d'en accuser un autre. Cela étoit établi selon l'esprit

[1] Voyez la loi II, §. 24, ff. *de orig. jur.*

[2] Quòd pater puellæ abesset, locum injuriæ esse ratus. Tite Live, décade I, livre III.

[3] Et dans bien d'autres cités

de la république, où chaque citoyen doit avoir pour le bien public un zèle sans bornes ; où chaque citoyen est censé tenir tous les droits de la patrie dans ses mains. On suivit sous les empereurs les maximes de la république ; et d'abord on vit paroître un genre d'hommes funestes, une troupe de délateurs. Quiconque avoit bien des vices et bien des talents, une ame bien basse et un esprit ambitieux, cherchoit un criminel, dont la condamnation pût plaire au prince : c'étoit la voie pour aller aux honneurs et à la fortune [1], chose que nous ne voyons point parmi nous.

Nous avons aujourd'hui une loi admirable ; c'est celle qui veut que le prince, établi pour faire exécuter les lois, prépose un officier dans chaque tribunal pour poursuivre en son nom tous les crimes : de sorte que la fonction des délateurs est inconnue parmi nous ; et, si ce vengeur public étoit soupçonné d'abuser de son ministère, on l'obligeroit de nommer son dénonciateur.

Dans les lois de Platon [2], ceux qui négligent

[1] Voyez dans Tacite les récompenses accordées à ces délateurs.

[2] Livre IX.

d'avertir les magistrats, ou de leur donner du secours, doivent être punis. Cela ne conviendroit point aujourd'hui. La partie publique veille pour les citoyens; elle agit, et ils sont tranquilles.

CHAPITRE IX.

De la sévérité des peines dans les divers gouvernements.

La sévérité des peines convient mieux au gouvernement despotique, dont le principe est la terreur, qu'à la monarchie et à la république, qui ont pour ressort l'honneur et la vertu.

Dans les états modérés, l'amour de la patrie, la honte et la crainte du blâme, sont des motifs réprimants, qui peuvent arrêter bien des crimes. La plus grande peine d'une mauvaise action sera d'en être convaincu. Les lois civiles y corrigeront donc plus aisément, et n'auront pas besoin de tant de force.

Dans ces états, un bon législateur s'attachera

moins à punir les crimes qu'à les prévenir ; il s'appliquera plus à donner des mœurs qu'à infliger des supplices.

C'est une remarque perpétuelle des auteurs chinois [1], que plus dans leur empire on voyoit augmenter les supplices, plus la révolution étoit prochaine. C'est qu'on augmentoit les supplices à mesure qu'on manquoit de mœurs.

Il seroit aisé de prouver que, dans tous ou presque tous les états d'Europe, les peines ont diminué ou augmenté à mesure qu'on s'est plus approché ou plus éloigné de la liberté.

Dans les pays despotiques, on est si malheureux que l'on y craint plus la mort qu'on ne regrette la vie ; les supplices y doivent donc être plus rigoureux. Dans les états modérés, on craint plus de perdre la vie qu'on ne redoute la mort en elle-même ; les supplices qui ôtent simplement la vie y sont donc suffisants.

Les hommes extrêmement heureux et les hommes extrêmement malheureux sont également portés à la dureté ; témoin les moines et les con

[1] Je ferai voir dans la suite que la Chine, à cet égard est dans le cas d'une république ou d'une monarchie.

quérants. Il n'y a que la médiocrité et le mélange de la bonne et de la mauvaise fortune qui donnent de la douceur et de la pitié.

Ce que l'on voit dans les hommes en particulier se trouve dans les diverses nations. Chez les peuples sauvages, qui mènent une vie très dure, et chez les peuples des gouvernements despotiques, où il n'y a qu'un homme exorbitamment favorisé de la fortune, tandis que tout le reste en est outragé, on est également cruel. La douceur règne dans les gouvernements modérés.

Lorsque nous lisons dans les histoires les exemples de la justice atroce des sultans, nous sentons avec une espèce de douleur les maux de la nature humaine.

Dans les gouvernements modérés, tout, pour un bon législateur, peut servir à former des peines. N'est-il pas bien extraordinaire qu'à Sparte une des principales fût de ne pouvoir prêter sa femme à un autre, ni recevoir celle d'un autre; de n'être jamais dans sa maison qu'avec des vierges? En un mot, tout ce que la loi appelle une peine est effectivement une peine.

CHAPITRE X.

Des anciennes lois françoises.

C'est bien dans les anciennes lois françoises que l'on trouve l'esprit de la monarchie. Dans les cas où il s'agit de peines pécuniaires, les non-nobles sont moins punis que les nobles [1]. C'est tout le contraire dans les crimes [2] : le noble perd l'honneur et réponse en cour, pendant que le vilain, qui n'a point d'honneur, est puni en son corps.

[1] Si comme pour briser un arrêt, les non-nobles doivent une amende de quarante sous, et les nobles de soixante livres. Somme rurale, liv. II, p. 198, édit. goth. de l'an 1512; et Beaumanoir, chap. LXI, p. 309.

[2] Voyez le conseil de Pierre Desfontaines, chap. XIV, sur-tout l'article 22.

CHAPITRE XI.

Que, lorsqu'un peuple est vertueux, il faut peu de peines.

Le peuple romain avoit de la probité. Cette probité eut tant de force, que souvent le législateur n'eut besoin que de lui montrer le bien pour le lui faire suivre. Il sembloit qu'au lieu d'ordonnances il suffisoit de lui donner des conseils.

Les peines des lois royales et celles des lois des douze tables furent presque toutes ôtées dans la république, soit par une suite de la loi Valérienne [1], soit par une conséquence de la loi Por-

[1] Elle fut faite par Valerius Publicola, bientôt après l'expulsion des rois : elle fut renouvelée deux fois, toujours par des magistrats de la même famille, comme le dit Tite Live, liv. X. Il n'étoit pas question de lui donner plus de force, mais d'en perfectionner les dispositions. *Diligentius sanctum*, dit Tite Live, *ibid.*

cie [1]. On ne remarqua pas que la république en
fût plus mal réglée, et il n'en résulta aucune lé-
sion de police.

Cette loi Valérienne, qui défendoit aux magistrats toute voie de fait contre un citoyen qui
avoit appelé au peuple, n'infligeoit à celui qui y
contreviendroit que la peine d'être réputé mé-
chant [2].

CHAPITRE XII.

De la puissance des peines.

L'EXPÉRIENCE a fait remarquer que, dans les
pays où les peines sont douces, l'esprit du citoyen
en est frappé, comme il l'est ailleurs par les
grandes.

[1] *Lex Porcia pro tergo civium lata.* Elle fut faite en 454
de la fondation de Rome.

[2] *Nihil ultrà quàm improbè factum adjecit.* Tite-Live.

Quelque inconvénient se fait-il sentir dans un
état, un gouvernement violent veut soudain le
corriger; et, au lieu de songer à faire exécuter
les anciennes lois, on établit une peine cruelle
qui arrête le mal sur-le-champ. Mais on use le
ressort du gouvernement: l'imagination se fait à
cette grande peine, comme elle s'étoit faite à la
moindre; et, comme on diminue la crainte pour
celle-ci, l'on est bientôt forcé d'établir l'autre
dans tous les cas. Les vols sur les grands chemins
étoient communs dans quelques états; on voulut
les arrêter; on inventa le supplice de la roue, qui
les suspendit pendant quelque temps. Depuis ce
temps on a volé comme auparavant sur les grands
chemins.

De nos jours la désertion fut très fréquente:
on établit la peine de mort contre les déserteurs,
et la désertion n'est pas diminuée. La raison en
est bien naturelle: un soldat, accoutumé tous les
jours à exposer sa vie, en méprise, ou se flatte
d'en mépriser le danger. Il est tous les jours accoutumé à craindre la honte: il falloit donc laisser une peine ¹ qui faisoit porter une flétrissure

---

¹ On fendoit le nez, on coupoit les oreilles.

pendant la vie. On a prétendu augmenter la peine, et on l'a réellement diminuée.

Il ne faut point mener les hommes par les voies extrêmes; on doit être ménager des moyens que la nature nous donne pour les conduire. Qu'on examine la cause de tous les relâchements; on verra qu'elle vient de l'impunité des crimes, et non pas de la modération des peines.

Suivons la nature, qui a donné aux hommes la honte comme leur fléau; et que la plus grande partie de la peine soit l'infamie de la souffrir.

Que, s'il se trouve des pays où la honte ne soit pas une suite du supplice, cela vient de la tyrannie, qui a infligé les mêmes peines aux scélérats et aux gens de bien.

Et si vous en voyez d'autres où les hommes ne sont retenus que par des supplices cruels, comptez encore que cela vient en grande partie de la violence du gouvernement, qui a employé ces supplices pour des fautes légères.

Souvent un législateur qui veut corriger un mal ne songe qu'à cette correction; ses yeux sont ouverts sur cet objet, et fermés sur les inconvénients. Lorsque le mal est une fois corrigé, on ne voit plus que la dureté du législateur: mais il reste un vice dans l'état, que cette dureté a produit; les esprits sont corrompus, ils se sont accoutumés au despotisme.

Lysandre[1] ayant remporté la victoire sur les Athéniens, on jugea les prisonniers; on accusa les Athéniens d'avoir précipité tous les captifs de deux galères, et résolu en pleine assemblée de couper le poing aux prisonniers qu'ils feroient. Ils furent tous égorgés, excepté Adymante, qui s'étoit opposé à ce décret. Lysandre reprocha à Philoclès, avant de le faire mourir, qu'il avoit dépravé les esprits et fait des leçons de cruauté à toute la Grèce.

« Les Argiens, dit Plutarque[2], ayant fait mou- « rir quinze cents de leurs citoyens, les Athé- « niens firent apporter les sacrifices d'expiation, « afin qu'il plût aux dieux de détourner du cœur « des Athéniens une si cruelle pensée. »

Il y a deux genres de corruption : l'un, lorsque le peuple n'observe point les lois; l'autre, lorsqu'il est corrompu par les lois : mal incurable, parcequ'il est dans le remède même.

[1] Xénophon, hist., liv. II.
[2] OEuvres morales, *De ceux qui manient les affaires d'état.*

CHAPITRE XIII.

Impuissance des lois japonoises.

LES peines outrées peuvent corrompre le despotisme même. Jetons les yeux sur le Japon.

On y punit de mort presque tous les crimes[1], parceque la désobéissance à un si grand empereur que celui du Japon est un crime énorme. Il n'est pas question de corriger le coupable, mais de venger le prince. Ces idées sont tirées de la servitude, et, viennent sur-tout de ce que, l'empereur étant propriétaire de tous les biens, presque tous les crimes se font directement contre ses intérêts.

On punit de mort les mensonges qui se font devant les magistrats[2]; chose contraire à la défense naturelle.

[1] Voyez Kempfer.

[2] Recueil des voyages qui ont servi à l'établissement de la compagnie des Indes, tom. III, part. II, p. 428.

I.   18

Ce qui n'a point l'apparence d'un crime, est là sévèrement puni : par exemple, un homme qui hasarde de l'argent au jeu est puni de mort.

Il est vrai que le caractère étonnant de ce peuple opiniâtre, capricieux, déterminé, bizarre, et qui brave tous les périls et tous les malheurs, semble, à la première vue, absoudre ses législateurs de l'atrocité de leurs lois. Mais des gens qui naturellement méprisent la mort, et qui s'ouvrent le ventre pour la moindre fantaisie, sont-ils corrigés ou arrêtés par la vue continuelle des supplices? et ne s'y familiarisent-ils pas?

Les relations nous disent, au sujet de l'éducation des Japonois, qu'il faut traiter les enfants avec douceur, parcequ'ils s'obstinent contre les peines; que les esclaves ne doivent point être trop rudement traités, parcequ'ils se mettent d'abord en défense. Par l'esprit qui doit régner dans le gouvernement domestique, n'auroit-on pas pu juger de celui qu'on devoit porter dans le gouvernement politique et civil?

Un législateur sage auroit cherché à ramener les esprits par un juste tempérament des peines et des récompenses; par des maximes de philosophie, de morale et de religion, assorties à ces caractères; par la juste application des règles de l'honneur; par le supplice de la honte; par la jouissance d'un bonheur constant, et d'une douce tranquillité: et, s'il avoit craint que les esprits, accoutumés à n'être arrêtés que par une peine cruelle, ne pussent plus l'être par une plus douce, il auroit agi [1] d'une manière sourde et insensible; il auroit, dans les cas particuliers les plus graciables, modéré la peine du crime, jusqu'à ce qu'il eût pu parvenir à la modifier dans tous les cas.

Mais le despotisme ne connoît point ces ressorts; il ne mène pas par ces voies. Il peut abuser de lui; mais c'est tout ce qu'il peut faire. Au Japon, il a fait un effort; il est devenu plus cruel que lui-même.

Des ames par-tout effarouchées et rendues plus atroces n'ont pu être conduites que par une atrocité plus grande.

Voilà l'origine, voilà l'esprit des lois du Japon. Mais elles ont eu plus de fureur que de force.

[1] Remarquez bien ceci comme une maxime de pratique dans les cas où les esprits ont été gâtés par des peines trop rigoureuses

Elles ont réussi à détruire le christianisme : mais des efforts si inouis sont une preuve de leur impuissance. Elles ont voulu établir une bonne police, et leur foiblesse a paru encore mieux.

Il faut lire la relation de l'entrevue de l'empereur et du deyro à Méaco [1]. Le nombre de ceux qui y furent étouffés, ou tués par des garnements, fut incroyable : on enleva les jeunes filles et les garçons; on les retrouvoit tous les jours exposés dans des lieux publics, à des heures indues, tout nus, cousus dans des sacs de toile, afin qu'ils ne connussent pas les lieux par où ils avoient passé; on vola tout ce qu'on voulut; on fendit le ventre à des chevaux pour faire tomber ceux qui les montoient; on renversa des voitures pour dépouiller les dames. Les Hollandois, à qui l'on dit qu'ils ne pouvoient passer la nuit sur des échafauds, sans être assassinés, en descendirent, etc.

Je passerai vite sur un autre trait. L'empereur, adonné à des plaisirs infames, ne se marioit point : il couroit risque de mourir sans succes-

[1] Recueil des voyages qui ont servi à l'établissement de la compagnie des Indes, tom. V, pag. 2.

seur. Le deyro lui envoya deux filles très belles : il en épousa une par respect, mais il n'eut aucun commerce avec elle. Sa nourrice fit chercher les plus belles femmes de l'empire : tout étoit inutile. La fille d'un armurier étonna son goût[1] ; il se détermina, il en eut un fils. Les dames de la cour, indignées de ce qu'il leur avoit préféré une personne d'une si basse naissance, étouffèrent l'enfant. Ce crime fut caché à l'empereur; il auroit versé un torrent de sang. L'atrocité des lois en empêche donc l'exécution. Lorsque la peine est sans mesure, on est souvent obligé de lui préférer l'impunité.

[1] Recueil des voyages qui ont servi à l'établissement de la compagnie des Indes.

CHAPITRE XIV.

De l'esprit du sénat de Rome.

Sous le consulat d'Acilius Glabrio et de Pison, on fit la loi Acilia [1] pour arrêter les brigues. Dion [2] dit que le sénat engagea les consuls à la proposer, parceque le tribun C. Cornelius avoit résolu de faire établir des peines terribles contre ce crime, à quoi le peuple étoit fort porté. Le sénat pensoit que des peines immodérées jette-roient bien la terreur dans les esprits, mais qu'elles auroient cet effet, qu'on ne trouveroit plus personne pour accuser ni pour condamner; au lieu qu'en proposant des peines modiques, on auroit des juges et des accusateurs.

[1] Les coupables étoient condamnés à une amende; ils ne pouvoient plus être admis dans l'ordre des sénateurs et nommés à aucune magistrature. Dion, liv. XXXVI

[2] *Ibid.*

CHAPITRE XV.

Des lois des Romains à l'égard des peines

Je me trouve fort dans mes maximes lorsque j'ai pour moi les Romains; et je crois que les peines tiennent à la nature du gouvernement, lorsque je vois ce grand peuple changer à cet égard de lois civiles à mesure qu'il changeoit de lois politiques.

Les lois royales, faites pour un peuple composé de fugitifs, d'esclaves, et de brigands, furent très sévères. L'esprit de la république auroit demandé que les décemvirs n'eussent pas mis ces lois dans leurs douze tables; mais des gens qui aspiroient à la tyrannie n'avoient garde de suivre l'esprit de la république.

Tite Live [1] dit, sur le supplice de Metius Suf

[1] Livre I.

fetius, dictateur d'Albe, qui fut condamné par Tullus Hostilius à être tiré par deux chariots, que ce fut le premier et le dernier supplice où l'on témoigna avoir perdu la mémoire de l'humanité. Il se trompe : la loi des douze tables est pleine de dispositions très cruelles [1].

Celle qui découvre le mieux le dessein des décemvirs est la peine capitale prononcée contre les auteurs des libelles et les poëtes. Cela n'est guère du génie de la république, où le peuple aime à voir les grands humiliés. Mais des gens qui vouloient renverser la liberté craignoient des écrits qui pouvoient rappeler l'esprit de la liberté [2].

Après l'expulsion des décemvirs, presque toutes les lois qui avoient fixé les peines furent ôtées. On ne les abrogea pas expressément; mais la loi Porcia ayant défendu de mettre à mort un citoyen romain, elles n'eurent plus d'application.

Voilà le temps auquel on peut rappeler ce que

[1] On y trouve le supplice du feu, des peines presque toujours capitales, le vol puni de mort, etc.

[2] Sylla, animé du même esprit que les décemvirs, augmenta comme eux les peines contre les écrivains satiriques.

Tite-Live [1] dit des Romains, que jamais peuple n'a plus aimé la modération des peines.

Que si l'on ajoute à la douceur des peines le droit qu'avoit un accusé de se retirer avant le jugement, on verra bien que les Romains avoient suivi cet esprit que j'ai dit être naturel à la république.

Sylla, qui confondit la tyrannie, l'anarchie et la liberté, fit les lois cornéliennes. Il sembla ne faire des réglements que pour établir des crimes. Ainsi, qualifiant une infinité d'actions du nom de meurtre, il trouva par-tout des meurtriers; et, par une pratique qui ne fut que trop suivie, il tendit des piéges, sema des épines, ouvrit des abymes sur le chemin de tous les citoyens.

Presque toutes les lois de Sylla ne portoient que l'interdiction de l'eau et du feu. César y ajouta la confiscation des biens [2], parceque les riches gardant dans l'exil leur patrimoine, ils étoient plus hardis à commettre des crimes.

---

[1] Livre I.

[2] Pœnas facinorum auxit, cùm locupletes eò faciliùs scelere se obligarent, quòd integris patrimoniis exula-rent. Suétone, *in Julio Cæsare.*

Les empereurs ayant établi un gouvernement militaire, ils sentirent bientôt qu'il n'étoit pas moins terrible contre eux que contre les sujets; ils cherchèrent à le tempérer : ils crurent avoir besoin des dignités, et du respect qu'on avoit pour elles.

On s'approcha un peu de la monarchie, et l'on divisa les peines en trois classes [1] : celles qui regardoient les premières personnes de l'état [2], et qui étoient assez douces; celles qu'on infligeoit aux personnes d'un rang inférieur [3], et qui étoient plus sévères; enfin celles qui ne concernoient que les conditions basses [4], et qui furent les plus rigoureuses.

Le féroce et insensé Maximin irrita pour ainsi dire le gouvernement militaire, qu'il auroit fallu adoucir. Le sénat apprenoit, dit Capitolin [5], que les uns avoient été mis en croix, les autres ex-

---

[1] Voyez la loi 3, §. *Legis, ad leg. Cornel. de sicariis;* et un très grand nombre d'autres, au digeste et au code.

[2] Sublimiores.

[3] Medios.

[4] Infimos. Leg. 3, §. *Legis, ad leg. Cornel. de sicariis.*

[5] Jul. Cap. *Maximini duo.*

oposés aux bêtes, ou enfermés dans des peaux de bêtes récemment tuées, sans aucun égard pour les dignités. Il sembloit vouloir exercer la discipline militaire, sur le modèle de laquelle il prétendoit régler les affaires civiles.

On trouvera, dans les *Considérations sur la grandeur des Romains et leur décadence* [1], comment Constantin changea le despotisme militaire en un despotisme militaire et civil, et s'approcha de la monarchie. On y peut suivre les diverses révolutions de cet état, et voir comment on y passa de la rigueur à l'indolence, et de l'indolence à l'impunité.

CHAPITRE XVI.

De la juste proportion des peines avec le crime.

Il est essentiel que les peines aient de l'harmonie entre elles, parcequ'il est essentiel que l'on

[1] Chap. XVII.

évite plutôt un grand crime qu'un moindre ; ce
qui attaque plus la société que ce qui la choque
moins.

« Un imposteur [1], qui se disoit Constantin
« Ducas, suscita un grand soulèvement à Constan-
« tinople. Il fut pris et condamné au fouet : mais
« ayant accusé des personnes considérables, il fut
« condamné, comme calomniateur, à être brûlé. »
Il est singulier qu'on eût ainsi proportionné les
peines entre le crime de lèse-majesté et celui de
calomnie.

Cela fait souvenir d'un mot de Charles II, roi
d'Angleterre. Il vit, en passant, un homme au
pilori ; il demanda pourquoi il étoit là. « Sire,
« lui dit-on, c'est parcequ'il a fait des libelles
« contre vos ministres. Le grand sot ! dit le roi ;
« que ne les écrivoit-il contre moi ? on ne lui au-
« roit rien fait. »

« Soixante-dix personnes conspirèrent contre
« l'empereur Basile [2] : il les fit fustiger ; on leur
« brûla les cheveux et le poil. Un cerf l'ayant pris
« avec son bois par la ceinture, quelqu'un de sa

[1] Histoire de Nicéphore, patriarche de Constantinople.
[2] Ibid.

« suite tira son épée, coupa sa ceinture, et le
« délivra : il lui fit trancher la tête, parcequ'il
« avoit, disoit-il, tiré l'épée contre lui. » Qui
pourroit penser que, sous le même prince, on
eût rendu ces deux jugements?

C'est un grand mal parmi nous de faire subir
la même peine à celui qui vole sur un grand chemin, et à celui qui vole et assassine. Il est visible
que, pour la sûreté publique, il faudroit mettre
quelque différence dans la peine.

A la Chine, les voleurs cruels sont coupés en
morceaux [1]; les autres, non : cette différence fait
que l'on y vole, mais que l'on n'y assassine pas.

En Moscovie, où la peine des voleurs et celle
des assassins sont les mêmes, on assassine [2] toujours. Les morts, y dit-on, ne racontent rien.

Quand il n'y a point de différence dans la peine,
il faut en mettre dans l'espérance de la grace. En
Angleterre, on n'assassine point, parceque les
voleurs peuvent espérer d'être transportés dans
les colonies; non pas les assassins.

C'est un grand ressort des gouvernements mo

---

[1] Le P. du Halde, tom. I, pag. 6.
[2] État présent de la grande Russie par Perry

dérés que les lettres de grace. Ce pouvoir que le prince a de pardonner, exécuté avec sagesse, peut avoir d'admirables effets. Le principe du gouvernement despotique, qui ne pardonne pas, et à qui on ne pardonne jamais, le prive de ces avantages.

CHAPITRE XVII.

De la torture ou question contre les criminels.

PARCEQUE les hommes sont méchants, la loi est obligée de les supposer meilleurs qu'ils ne sont. Ainsi la déposition de deux témoins suffit dans la punition de tous les crimes. La loi les croit, comme s'ils parloient par la bouche de la vérité. L'on juge aussi que tout enfant conçu pendant le mariage est légitime : la loi a confiance en la mère, comme si elle étoit la pudicité même. Mais la question contre les criminels n'est pas dans un cas forcé comme ceux-ci. Nous voyons aujourd'hui une nation [1] très bien policée la rejeter sans inconvénient. Elle n'est donc pas nécessaire par sa nature [2].

Tant d'habiles gens et tant de beaux génies ont écrit contre cette pratique, que je n'ose parler après eux. J'allois dire qu'elle pourroit convenir dans les gouvernements despotiques, où tout ce qui inspire la crainte entre plus dans les ressorts du gouvernement; j'allois dire que les esclaves, chez les Grecs et chez les Romains... Mais j'entends la voix de la nature qui crie contre moi.

[1] La nation angloise.

[2] Les citoyens d'Athènes ne pouvoient être mis à la question (Lysias, *orat. in Argorat.*), excepté dans le crime de lèse-majesté. On donnoit la question trente jours après la condamnation. (Curius Fortunatus, *rhetor. scol. lib. II.*) Il n'y avoit pas de question préparatoire. Quant aux Romains, la loi 3 et 4 *ad leg. Juliam majest.* fait voir que la naissance, la dignité, la profession de la milice, garantissoient de la question, si ce n'est dans le cas de crime de lèse-majesté. Voyez les sages restrictions que les lois de Wisigoths mettoient à cette pratique.

CHAPITRE XVIII.

Des peines pécuniaires, et des peines corporelles.

Nos pères les Germains n'admettoient guère que des peines pécuniaires. Ces hommes guerriers et libres estimoient que leur sang ne devoit être versé que les armes à la main. Les Japonois [1], au contraire, rejettent ces sortes de peines, sous prétexte que les gens riches éluderoient la punition. Mais les gens riches ne craignent-ils pas de perdre leurs biens? Les peines pécuniaires ne peuvent-elles pas se proportionner aux fortunes? Et enfin, ne peut-on pas joindre l'infamie à ces peines?

Un bon législateur prend un juste milieu : il n'ordonne pas toujours des peines pécuniaires; il n'inflige pas toujours des peines corporelles.

[1] Voyez Kempfer.

CHAPITRE XIX.

De la loi du talion.

Les états despotiques, qui aiment les lois simples, usent beaucoup de la loi du talion[1]; les
états modérés la reçoivent quelquefois : mais il y
a cette différence, que les premiers la font exercer rigoureusement, et que les autres lui donnent
presque toujours des tempéraments.

La loi des douze tables en admettoit deux :
elle ne condamnoit au talion que lorsqu'on n'a-
voit pu apaiser celui qui se plaignoit[2]. On pouvoit, après la condamnation, payer les dommages

[1] Elle est établie dans l'Alcoran. Voyez le chapitre de
la Vache.

[2] Si membrum rupit, ni cùm eo pacit, talio esto. Aulu-
Gelle, liv. XX, chap. 1.

et intérêts [1], et la peine corporelle se convertissoit en peine pécuniaire [2].

<hr>

CHAPITRE XX.

De la punition des pères pour leurs enfants.

On punit à la Chine les pères pour les fautes de leurs enfants. C'étoit l'usage du Pérou [3]. Ceci est encore tiré des idées despotiques.

On a beau dire qu'on punit à la Chine les pères pour n'avoir pas fait usage de ce pouvoir paternel que la nature a établi, et que les lois mêmes y ont augmenté; cela suppose toujours

[1] Aulu-Gelle, liv. XX, chap. 1.

[2] Voyez aussi la loi des Wisigoths, liv. VI, tit. IV, §. 3 et 5.

[3] Voyez Garcilasso, Histoire des guerres civiles des Espagnols.

qu'il n'y a point d'honneur chez les Chinois. Parmi nous, les pères dont les enfants sont condamnés au supplice, et les enfants[1] dont les pères ont subi le même sort, sont aussi punis par la honte qu'ils le seroient à la Chine par la perte de la vie.

CHAPITRE XXI.

De la clémence du prince.

La clémence est la qualité distinctive des monarques. Dans la république, où l'on a pour principe la vertu, elle est moins nécessaire. Dans l'état despotique, où règne la crainte, elle est moins en usage, parcequ'il faut contenir les grands de l'état par des exemples de sévérité.

[1] Au lieu de les punir, disoit Platon, il faut les louer de ne pas ressembler à leur père. Liv. IX des Lois.

Dans les monarchies, où l'on est gouverné par u
l'honneur, qui souvent exige ce que la loi défend, 1
elle est plus nécessaire. La disgrace y est un 1
équivalent à la peine : les formalités mêmes des z
jugements y sont des punitions. C'est là que la c
honte vient de tous côtés pour former des genres z
particuliers de peines.

Les grands y sont si fort punis par la disgrace, 1
par la perte souvent imaginaire de leur fortune, 1
de leur crédit, de leurs habitudes, de leurs plaisirs, que la rigueur à leur égard est inutile : elle
ne peut servir qu'à ôter aux sujets l'amour qu'ils
ont pour la personne du prince, et le respect 1
qu'ils doivent avoir pour les places.

Comme l'instabilité des grands est de la nature
du gouvernement despotique, leur sûreté entre
dans la nature de la monarchie.

Les monarques ont tant à gagner par la clémence, elle est suivie de tant d'amour, ils en
tirent tant de gloire, que c'est presque toujours
un bonheur pour eux d'avoir l'occasion de l'exercer; et on le peut presque toujours dans nos
contrées.

On leur disputera peut-être quelque branche
de l'autorité, presque jamais l'autorité entière;

et si quelquefois ils combattent pour la couronne, ils ne combattent point pour la vie.

Mais, dira-t-on, quand faut-il punir? quand
faut-il pardonner? C'est une chose qui se fait
mieux sentir qu'elle ne peut se prescrire. Quand
la clémence a des dangers, ces dangers sont très
visibles. On la distingue aisément de cette foiblesse qui mène le prince au mépris et à l'impuissance même de punir.

L'empereur Maurice [1] prit la résolution de ne
verser jamais le sang de ses sujets. Anastase [2] ne
punissoit point les crimes. Isaac l'Ange jura que,
de son règne, il ne feroit mourir personne. Les
empereurs grecs avoient oublié que ce n'étoit
pas en vain qu'ils portoient l'épée.

1 Évagre, Histoire.
2 Fragm. de Suidas, dans Constant. Porphyrog

FIN DU LIVRE SIXIÈME.

LIVRE SEPTIÈME.

CONSÉQUENCES DES DIFFÉRENTS PRINCIPES DES TROIS GOUVERNEMENTS PAR RAPPORT AUX LOIS SOMPTUAIRES, AU LUXE, ET A LA CONDITION DES FEMMES.

CHAPITRE PREMIER.

Du luxe.

Le luxe est toujours en proportion avec l'inégalité des fortunes. Si dans un état les richesses sont également partagées, il n'y aura point de luxe; car il n'est fondé que sur les commodités qu'on se donne par le travail des autres.

Pour que les richesses restent également partagées, il faut que la loi ne donne à chacun que le nécessaire physique. Si l'on a au-delà, les uns dépenseront, les autres acquerront, et l'inégalité s'établira.

Supposant le nécessaire physique égal à une somme donnée, le luxe de ceux qui n'auront que le nécessaire sera égal à zéro; celui qui aura le double aura un luxe égal à un; celui qui aura le double du bien de ce dernier aura un luxe égal à trois; quand on aura encore le double, on aura un luxe égal à sept : de sorte que le bien du particulier qui suit, étant toujours supposé double de celui du précédent, le luxe croîtra du double plus une unité, dans cette progression 0, 1, 3, 7, 15, 31, 63, 127.

Dans la république de Platon [1], le luxe auroit pu se calculer au juste. Il y avoit quatre sortes de cens établis. Le premier étoit précisément le terme où finissoit la pauvreté; le second étoit double; le troisième, triple; le quatrième, quadruple du premier. Dans le premier cens, le luxe étoit égal à zéro; il étoit égal à un dans le se

---

1 Le premier cens étoit le sort héréditaire en terre; et Platon ne vouloit pas qu'on pût avoir en autres effets plus du triple du sort héréditaire. Voyez ses Lois, liv. IV.

cond, à deux dans le troisième, à trois dans le quatrième ; et il suivoit ainsi la proportion arithmétique.

En considérant le luxe des divers peuples les uns à l'égard des autres, il est dans chaque état en raison composée de l'inégalité des fortunes qui est entre les citoyens, et de l'inégalité des richesses des divers états. En Pologne, par exemple, les fortunes sont d'une inégalité extrême ; mais la pauvreté du total empêche qu'il n'y ait autant de luxe que dans un état plus riche.

Le luxe est encore en proportion avec la grandeur des villes, et sur-tout de la capitale ; en sorte qu'il est en raison composée des richesses de l'état, de l'inégalité des fortunes des particuliers, et du nombre d'hommes qu'on assemble dans de certains lieux.

Plus il y a d'hommes ensemble, plus ils sont vains, et sentent naître en eux l'envie de se signaler par de petites choses [1]. S'ils sont en si

---

[1] Dans une grande ville, dit l'auteur de la fable des abeilles, tom. I, pag. 133, on s'habille au-dessus de sa qualité pour être estimé plus qu'on n'est par la multitude. C'est un plaisir pour un esprit foible, presque aussi grand que celui de l'accomplissement de ses desirs.

grand nombre que la plupart soient inconnus les uns aux autres, l'envie de se distinguer redouble, parcequ'il y a plus d'espérance de réussir. Le luxe donne cette espérance; chacun prend les marques de la condition qui précède la sienne. Mais, à force de vouloir se distinguer, tout devient égal, et on ne se distingue plus : comme tout le monde veut se faire regarder, on ne remarque personne.

Il résulte de tout cela une incommodité générale. Ceux qui excellent dans une profession mettent à leur art le prix qu'ils veulent ; les plus petits talents suivent cet exemple ; il n'y a plus d'harmonie entre les besoins et les moyens. Lorsque je suis forcé de plaider, il est nécessaire que je puisse payer un avocat ; lorsque je suis malade, il faut que je puisse avoir un médecin.

Quelques gens ont pensé qu'en assemblant tant de peuple dans une capitale, on diminuoit le commerce, parceque les hommes ne sont plus à une certaine distance les uns des autres. Je ne le crois pas : on a plus de desirs, plus de besoins, plus de fantaisies, quand on est ensemble.

CHAPITRE II.

Des lois somptuaires dans la démocratie.

Je viens de dire que dans les républiques, où les richesses sont également partagées, il ne peut point y avoir de luxe ; et, comme on a vu au livre cinquième [1] que cette égalité de distribution faisoit l'excellence d'une république, il suit que moins il y a de luxe dans une république, plus elle est parfaite. Il n'y en avoit point chez les premiers Romains ; il n'y en avoit point chez les Lacédémoniens ; et, dans les républiques où l'égalité n'est pas tout-à-fait perdue, l'esprit de commerce, de travail, et de vertu, fait que chacun y peut et que chacun y veut vivre de son propre bien, et que par conséquent il y a peu de luxe.

[1] Chap. III et IV.

Les lois du nouveau partage des champs, demandées avec tant d'instance dans quelques républiques, étoient salutaires par leur nature. Elles ne sont dangereuses que comme action subite. En ôtant tout-à-coup les richesses aux uns, et augmentant de même celles des autres, elles font dans chaque famille une révolution, et en doivent produire une générale dans l'état.

A mesure que le luxe s'établit dans une république, l'esprit se tourne vers l'intérêt particulier. A des gens à qui il ne faut rien que le nécessaire, il ne reste à desirer que la gloire de la patrie et la sienne propre. Mais une ame corrompue par le luxe a bien d'autres desirs : bientôt elle devient ennemie des lois qui la gênent. Le luxe que la garnison de Rhége commença à connoître fit qu'elle en égorgea les habitants.

Sitôt que les Romains furent corrompus, leurs desirs devinrent immenses. On en peut juger par le prix qu'ils mirent aux choses. Une cruche de vin de Falerne [1] se vendoit cent deniers romains ; un baril de chair salée du Pont en coûtoit quatre

[1] Fragment du liv. 365 de Diodore, rapporté par Const. Porph. Extrait des vertus et des vices.

cents; un bon cuisinier, quatre talents; les jeunes garçons n'avoient point de prix. Quand, par une impétuosité [1] générale, tout le monde se portoit à la volupté, que devenoit la vertu?

CHAPITRE III.

Des lois somptuaires dans l'aristocratie.

L'ARISTOCRATIE mal constituée a ce malheur, que les nobles y ont les richesses, et que cependant ils ne doivent pas dépenser; le luxe, contraire à l'esprit de modération, en doit être banni. Il n'y a donc que des gens très pauvres qui ne peuvent pas recevoir, et des gens très riches qui ne peuvent pas dépenser.

A Venise, les lois forcent les nobles à la modestie. Ils se sont tellement accoutumés à l'épar-

---

1 Cùm maximus omnium impetus ad luxuriam esset. Const. Porph. Extrait des vertus et des vices.

gne, qu'il n'y a que les courtisanes qui puissent leur faire donner de l'argent. On se sert de cette voie pour entretenir l'industrie : les femmes les plus méprisables y dépensent sans danger, pendant que leurs tributaires y mènent la vie du monde la plus obscure.

Les bonnes républiques grecques avoient à cet égard des institutions admirables. Les riches employoient leur argent en fêtes, en chœurs de musique, en chariots, en chevaux pour la course, en magistratures onéreuses. Les richesses y étoient aussi à charge que la pauvreté.

CHAPITRE IV.

Des lois somptuaires dans les monarchies.

« Les Suions, nation germanique, rendent honneur aux richesses, dit Tacite [1] : ce qui fait

[1] De moribus Germanorum.

« qu'ils vivent sous le gouvernement d'un seul. » Cela signifie bien que le luxe est singulièrement propre aux monarchies, et qu'il n'y faut point de lois somptuaires.

Comme, par la constitution des monarchies, les richesses y sont inégalement partagées, il faut bien qu'il y ait du luxe. Si les riches n'y dépensent pas beaucoup, les pauvres mourront de faim. Il faut même que les riches y dépensent à proportion de l'inégalité des fortunes; et que, comme nous avons dit, le luxe y augmente dans cette proportion. Les richesses particulières n'ont augmenté que parcequ'elles ont ôté à une partie des citoyens le nécessaire physique : il faut donc qu'il leur soit rendu.

Ainsi, pour que l'état monarchique se soutienne, le luxe doit aller en croissant, du laboureur à l'artisan, au négociant, aux nobles, aux magistrats, aux grands seigneurs, aux traitants principaux, aux princes; sans quoi tout seroit perdu.

Dans le sénat de Rome, composé de graves magistrats, de jurisconsultes, et d'hommes pleins de l'idée des premiers temps, on proposa, sous Auguste, la correction des mœurs et du luxe des femmes. Il est curieux de voir dans Dion [1] avec quel art il éluda les demandes importunes de ces sénateurs. C'est qu'il fondoit une monarchie, et dissolvoit une république.

Sous Tibère, les édiles proposèrent, dans le sénat, le rétablissement des anciennes lois somptuaires [2]. Ce prince, qui avoit des lumières, s'y opposa. « L'état ne pourroit subsister, disoit-il, dans « la situation où sont les choses. Comment Rome « pourroit-elle vivre ? comment pourroient vivre « les provinces ? Nous avions de la frugalité lors- « que nous étions citoyens d'une seule ville : au- « jourd'hui nous consommons les richesses de tout « l'univers ; on fait travailler pour nous les maitres « et les esclaves. » Il voyoit bien qu'il ne falloit plus de lois somptuaires.

Lorsque, sous le même empereur, on proposa au sénat de défendre aux gouverneurs de mener leurs femmes dans les provinces, à cause des déréglements qu'elles y apportoient, cela fut rejeté. On dit « que les exemples de la dureté des an- « ciens avoient été changés en une façon de vivre

[1] Dion Cassius, liv. LIV.
[2] Tacite, Ann., liv. III.

« plus agréable [1]. » On sentit qu'il falloit d'autres mœurs.

Le luxe est donc nécessaire dans les états monarchiques; il l'est encore dans les états despotiques. Dans les premiers, c'est un usage que l'on fait de ce qu'on possède de liberté; dans les autres, c'est un abus qu'on fait des avantages de sa servitude. Un esclave, choisi par son maître pour tyranniser ses autres esclaves, incertain pour le lendemain de la fortune de chaque jour, n'a d'autre félicité que celle d'assouvir l'orgueil, les desirs, et les voluptés de chaque jour.

Tout ceci mène à une réflexion: les républiques finissent par le luxe; les monarchies, par la pauvreté [2].

[1] Multa duritiei veterum meliùs et lætiùs mutata. Tacite, Ann., liv. III.

[2] Opulentia paritura mox egestatem. Florus, liv. III.

CHAPITRE V.

Dans quels cas les lois somptuaires sont utiles dans
une monarchie.

Ce fut dans l'esprit de la république, ou dans quelques cas particuliers, qu'au milieu du treizième siècle on fit en Aragon des lois somptuaires. Jacques Ier ordonna que le roi, ni aucun de ses sujets, ne pourroient manger plus de deux sortes de viandes à chaque repas, et que chacune ne seroit préparée que d'une seule manière, à moins que ce ne fût du gibier qu'on eût tué soi-même [1].

On a fait aussi de nos jours en Suède des lois somptuaires ; mais elles ont un objet différent de celles d'Aragon.

Un état peut faire des lois somptuaires dans

[1] Constitution de Jacques Ier, de l'an 1234, art. 6, dans Marca Hispanica, p. 1429.

l'objet d'une frugalité absolue : c'est l'esprit des
lois somptuaires des républiques ; et la nature
de la chose fait voir que ce fut l'objet de celles
d'Aragon.

Les lois somptuaires peuvent avoir aussi pour
objet une frugalité relative, lorsqu'un état, sentant que des marchandises étrangères d'un trop
haut prix demanderoient une telle exportation
des siennes, qu'il se priveroit plus de ses besoins
par celles-ci qu'il n'en satisferoit par celles-là, en
défend absolument l'entrée ; et c'est l'esprit des
lois que l'on a faites de nos jours en Suède [1]. Ce
sont les seules lois somptuaires qui conviennent
aux monarchies.

En général, plus un état est pauvre, plus il est
ruiné par son luxe relatif ; et plus par conséquent
il lui faut de lois somptuaires relatives. Plus un
état est riche, plus son luxe relatif l'enrichit ; et
il faut bien se garder d'y faire des lois somptuaires
relatives. Nous expliquerons mieux ceci dans le
livre sur le commerce [2]. Il n'est ici question que
du luxe absolu.

[1] On y a défendu les vins exquis, et autres marchandises précieuses.

[2] Voyez tom. III, liv. XX, chap. xx.

CHAPITRE VI.

Du luxe à la Chine.

Des raisons particulières demandent des lois somptuaires dans quelques états. Le peuple, par la force du climat, peut devenir si nombreux, et d'un autre côté les moyens de le faire subsister peuvent être si incertains, qu'il est bon de l'appliquer tout entier à la culture des terres. Dans ces états le luxe est dangereux, et les lois somptuaires y doivent être rigoureuses. Ainsi, pour savoir s'il faut encourager le luxe ou le proscrire, on doit d'abord jeter les yeux sur le rapport qu'il y a entre le nombre du peuple, et la facilité de le faire vivre. En Angleterre le sol produit beaucoup plus de grains qu'il n'en faut pour nourrir ceux qui cultivent les terres, et ceux qui procurent les vêtements : il peut donc y avoir des arts

frivoles, et par conséquent du luxe. En France il \
croît assez de blé pour la nourriture des laboureurs et de ceux qui sont employés aux manufac-
tures : de plus, le commerce avec les étrangers
peut rendre pour des choses frivoles tant de
choses nécessaires, qu'on n'y doit guère craindre
le luxe.

A la Chine, au contraire, les femmes sont si
fécondes, et l'espèce humaine s'y multiplie à un
tel point, que les terres, quelque cultivées qu'elles
soient, suffisent à peine pour la nourriture des
habitants. Le luxe y est donc pernicieux, et l'esprit de travail et d'économie y est aussi requis
que dans quelques républiques que ce soit [1]. Il
faut qu'on s'attache aux arts nécessaires, et qu'on
fuie ceux de la volupté.

Voilà l'esprit des belles ordonnances des empereurs chinois. « Nos anciens, dit un empereur
« de la famille des Tang [2], tenoient pour maxime
« que, s'il y avoit un homme qui ne labourât
« point, une femme qui ne s'occupât point à

[1] Le luxe y a toujours été arrêté.

[2] Dans une ordonnance rapportée par le P. du Halde,
tom. II, p. 497.

« filer, quelqu'un souffroit le froid ou la faim
« dans l'empire... » Et, sur ce principe, il fit détruire une infinité de monastères de bonzes.

Le troisième empereur de la vingt-unième
dynastie [1], à qui on apporta des pierres précieuses trouvées dans une mine, la fit fermer,
ne voulant pas fatiguer son peuple à travailler
pour une chose qui ne pouvoit ni le nourrir ni
le vêtir.

« Notre luxe est si grand, dit Kiayventi [2], que
« le peuple orne de broderies les souliers des
« jeunes garçons et des filles qu'il est obligé de
« vendre. » Tant d'hommes étant occupés à faire
des habits pour un seul, le moyen qu'il n'y ait
bien des gens qui manquent d'habits ? Il y a dix
hommes qui mangent le revenu des terres, contre
un laboureur : le moyen qu'il n'y ait bien des
gens qui manquent d'aliments ?

1 Histoire de la Chine, vingt-unième dynastie, dans
l'ouvrage du P. du Halde, tome I.

2 Dans un discours rapporté par le P. du Halde, t. II,
pag. 418.

CHAPITRE VII.

Fatale conséquence du luxe à la Chine.

On voit, dans l'histoire de la Chine, qu'elle a eu vingt-deux dynasties qui se sont succédé ; c'est-à-dire qu'elle a éprouvé vingt-deux révolutions générales, sans compter une infinité de particulières. Les trois premières dynasties durèrent assez long-temps, parcequ'elles furent sagement gouvernées, et que l'empire étoit moins étendu qu'il ne le fut depuis. Mais on peut dire, en général, que toutes ces dynasties commencèrent assez bien. La vertu, l'attention, la vigilance, sont nécessaires à la Chine : elles y étoient dans le commencement des dynasties, et elles manquoient à la fin. En effet, il étoit naturel que des empereurs nourris dans les fatigues de la guerre, qui parvenoient à faire descendre du trône une famille noyée dans les délices, conser-

vassent la vertu qu'ils avoient éprouvée si utile,
et craignissent les voluptés qu'ils avoient vues si
funestes. Mais, après ces trois ou quatre premiers
princes, la corruption, le luxe, l'oisiveté, les délices, s'emparent des successeurs; ils s'enferment
dans le palais; leur esprit s'affoiblit, leur vie
s'accourcit, la famille décline; les grands s'élèvent, les eunuques s'accréditent, on ne met sur
le trône que des enfants; le palais devient ennemi de l'empire; un peuple oisif, qui l'habite,
ruine celui qui travaille; l'empereur est tué ou
détruit par un usurpateur, qui fonde une famille, dont le troisième ou quatrième successeur
va dans le même palais se renfermer encore.

CHAPITRE VIII.

De la continence publique.

Il y a tant d'imperfections attachées à la perte
de la vertu dans les femmes, toute leur ame en

est si fort dégradée, ce point principal ôté en fait tomber tant d'autres, que l'on peut regarder, dans un état populaire, l'incontinence publique comme le dernier des malheurs, et la certitude d'un changement dans la constitution.

Aussi les bons législateurs y ont-ils exigé des femmes une certaine gravité de mœurs. Ils ont proscrit de leurs républiques non - seulement le vice, mais l'apparence même du vice. Ils ont banni jusqu'à ce commerce de galanterie qui produit l'oisiveté, qui fait que les femmes corrompent avant même d'être corrompues, qui donne un prix à tous les riens, et rabaisse ce qui est important, et qui fait que l'on ne se conduit plus que sur les maximes du ridicule, que les femmes entendent si bien à établir.

CHAPITRE IX.

De la condition des femmes dans les divers gouvernements.

Les femmes ont peu de retenue dans les monarchies, parceque la distinction des rangs les appelant à la cour, elles y vont prendre cet esprit de liberté, qui est à peu près le seul qu'on y tolère. Chacun se sert de leurs agréments et de leurs passions pour avancer sa fortune ; et, comme leur foiblesse ne leur permet pas l'orgueil, mais la vanité, le luxe y règne toujours avec elles.

Dans les états despotiques, les femmes n'introduisent point le luxe ; mais elles sont elles-mêmes un objet du luxe. Elles doivent être extrêmement esclaves. Chacun suit l'esprit du gouvernement, et porte chez soi ce qu'il voit établi ailleurs. Comme les lois y sont sévères et exécutées sur-le-champ, on a peur que la liberté des femmes n'y fasse des affaires. Leurs brouilleries, leurs indiscrétions, leurs répugnances, leurs penchants, leurs jalousies, leurs piques, cet art qu'ont les petites ames d'intéresser les grandes, n'y sauroient être sans conséquence.

De plus, comme dans ces états les princes se jouent de la nature humaine, ils ont plusieurs femmes ; et mille considérations les obligent de les renfermer.

Dans les républiques, les femmes sont libres par les lois, et captivées par les mœurs ; le luxe en est banni, et, avec lui, la corruption et les vices.

Dans les villes grecques, où l'on ne vivoit pas sous cette religion qui établit que, chez les hommes mêmes, la pureté des mœurs est une partie de la vertu ; dans les villes grecques, où un vice aveugle régnoit d'une manière effrénée, où l'amour n'avoit qu'une forme que l'on n'ose dire, tandis que la seule amitié s'étoit retirée dans les mariages [1], la vertu, la simplicité, la chasteté des

1 Quant au vrai amour, dit Plutarque, les femmes n'y ont aucune part. OEuvres morales, Traité de l'amour, page 600. Il parloit comme son siècle. Voyez Xénophon, au dialogue intitulé *Hiéron*.

femmes y étoient telles, qu'on n'a guère jamais vu de peuple qui ait eu à cet égard une meilleure police [1].

~~~~~~

CHAPITRE X.

Du tribunal domestique chez les Romains.

LES Romains n'avoient pas, comme les Grecs, des magistrats particuliers qui eussent inspection sur la conduite des femmes. Les censeurs n'avoient l'œil sur elles que comme sur le reste de la république. L'institution du tribunal domestique [2] suppléa à la magistrature établie chez les Grecs [3].

[1] A Athènes, il y avoit un magistrat particulier, qui veilloit sur la conduite des femmes.

[2] Romulus institua ce tribunal, comme il paroît par Denys d'Halicarnasse, liv. II, p. 96.

[3] Voyez, dans Tite Live, liv. XXXIX, l'usage que l'on fit de ce tribunal, lors de la conjuration des baccha-
~~~~~~

Le mari assembloit les parents de la femme, et la jugeoit devant eux [1]. Ce tribunal maintenoit les mœurs dans la république. Mais ces mêmes mœurs maintenoient ce tribunal. Il devoit juger non-seulement de la violation des lois, mais aussi de la violation des mœurs. Or, pour juger de la violation des mœurs, il faut en avoir.

Les peines de ce tribunal devoient être arbitraires, et l'étoient en effet : car tout ce qui regarde les mœurs, tout ce qui regarde les règles de la modestie, ne peut guère être compris sous un code de lois. Il est aisé de régler par des lois ce qu'on doit aux autres ; il est difficile d'y comprendre tout ce qu'on se doit à soi-même.

---

nales : on appela conjuration contre la république, des assemblées où l'on corrompoit les mœurs des femmes et des jeunes gens.

[1] Il paroit, par Denys d'Halicarnasse, liv. II, que, par l'institution de Romulus, le mari, dans les cas ordinaires, jugeoit seul devant les parents de la femme ; et que, dans les grands crimes, il la jugeoit avec cinq d'entre eux. Aussi Ulpien, au titre VI, §. 9, 12, et 13, distingue-t-il, dans les jugements des mœurs, celles qu'il appelle graves, d'avec celles qui l'étoient moins : *Mores graviores, mores leviores.*

Le tribunal domestique regardoit la conduite
générale des femmes. Mais il y avoit un crime
qui, outre l'animadversion de ce tribunal, étoit
encore soumis à une accusation publique : c'étoit
l'adultère ; soit que, dans une république, une si
grande violation de mœurs intéressât le gouvernement ; soit que le dérèglement de la femme
pût faire soupçonner celui du mari ; soit enfin
que l'on craignît que les honnêtes gens mêmes
n'aimassent mieux cacher ce crime que le punir, l'ignorer que le venger.

CHAPITRE XI.

Comment les institutions changèrent à Rome avec le gouvernement.

Comme le tribunal domestique supposoit des
mœurs, l'accusation publique en supposoit aussi ;
et cela fit que ces deux choses tombèrent avec les
mœurs, et finirent avec la république [1].

1 Judicio de moribus (quod anteà quidem in antiqui-

L'établissement des question perpétuelles, c'est-à-dire du partage de la juridiction entre les préteurs, et la coutume qui s'introduisit de plus en plus que ces préteurs jugeassent eux - mêmes toutes les affaires, affoiblirent l'usage du tribunal domestique : ce qui paroît par la surprise des historiens, qui regardent comme des faits singuliers et comme un renouvellement de la pratique ancienne, les jugements que Tibère fit rendre par ce tribunal.

L'établissement de la monarchie et le changement des mœurs firent encore cesser l'accusation publique. On pouvoit craindre qu'un malhonnête homme, piqué des mépris d'une femme, indigné de ses refus, outré de sa vertu même, ne formât le dessein de la perdre. La loi Julie ordonna qu'on ne pourroit accuser une femme d'adultère qu'après avoir accusé son mari de favoriser ses déréglements ; ce qui restreignit beaucoup cette accusation, et l'anéantit, pour ainsi dire [2].

legibus positum erat, non autem frequentabatur) penitus abolito. Leg. XI, §. 2, cod. *de repud.*

[1] Judicia extraordinaria.

[2] Constantin l'ôta entièrement. « C'est une chose in

Sixte V sembla vouloir renouveler l'accusation
publique [1]. Mais il ne faut qu'un peu de réflexion
pour voir que cette loi, dans une monarchie telle
que la sienne, étoit encore plus déplacée que
dans toute autre.

CHAPITRE XII.

De la tutèle des femmes chez les Romains.

LES institutions des Romains mettoient les
femmes dans une perpétuelle tutèle, à moins
qu'elles ne fussent sous l'autorité d'un mari [2].
Cette tutèle étoit donnée au plus proche des parents, par mâles; et il paroît, par une expres-

« digne, disoit-il, que des mariages tranquilles soient
« troublés par l'audace des étrangers. »

[1] Sixte V ordonna qu'un mari qui n'iroit point se
plaindre à lui des débauches de sa femme seroit puni de
mort. Voyez *Leti*.

[2] Nisi convenissent in manum viri.

sion vulgaire [1], qu'elles étoient très gênées. Cela étoit bon pour la république, et n'étoit point nécessaire dans la monarchie [2].

Il paroît, par les divers codes des lois des barbares, que les femmes chez les premiers Germains étoient aussi dans une perpétuelle tutèle [3]. Cet usage passa dans les monarchies qu'ils fondèrent; mais il ne subsista pas.

CHAPITRE XIII.

Des peines établies par les empereurs contre les débauches des femmes.

La loi Julie établit une peine contre l'adultère. Mais, bien loin que cette loi et celles que l'on

1 Ne sis mihi patruus oro.

2 La loi Papienne ordonna sous Auguste que les femmes qui auroient eu trois enfants seroient hors de cette tutèle.

3 Cette tutèle s'appeloit chez les Germains *mundebur-dium*.

fit depuis là-dessus fussent une marque de la bonté des mœurs, elles furent au contraire une marque de leur dépravation.

Tout le système politique à l'égard des femmes changea dans la monarchie. Il ne fut plus question d'établir chez elles la pureté des mœurs, mais de punir leurs crimes. On ne faisoit de nouvelles lois, pour punir ces crimes, que parcequ'on ne punissoit plus les violations, qui n'étoient point ces crimes.

L'affreux débordement des mœurs obligeoit bien les empereurs de faire des lois pour arrêter, à un certain point, l'impudicité; mais leur intention ne fut pas de corriger les mœurs en général. Des faits positifs, rapportés par les historiens, prouvent plus cela que toutes ces lois ne sauroient prouver le contraire. On peut voir dans Dion la conduite d'Auguste à cet égard, et comment il éluda, et dans sa préture et dans sa censure, les demandes qui lui furent faites [1].

---

[1] Comme on lui eut amené un jeune homme qui avoit épousé une femme avec laquelle il avoit eu auparavant un mauvais commerce, il hésita long-temps, n'osant ni approuver, ni punir ces choses. Enfin, reprenant ses es-

On trouve bien, dans les historiens, des jugemens rigides rendus sous Auguste et sous Tibère contre l'impudicité de quelques dames romaines : mais, en nous faisant connoître l'esprit de ces règnes, ils nous font connoître l'esprit de ces jugemens.

Auguste et Tibère songèrent principalement à punir les débauches de leurs parentes. Ils ne punissoient point le déréglement des mœurs, mais un certain crime d'impiété ou de lèse-majesté [1] qu'ils avoient inventé, utile pour le respect, utile pour leur vengeance. De là vient que les auteurs romains s'élèvent si fort contre cette tyrannie.

prits : « Les séditions ont été cause de grands maux, « dit-il ; oublions-les. » Dion, liv. LIV. Les sénateurs lui ayant demandé des réglemens sur les mœurs des femmes, il éluda cette demande, en leur disant « qu'ils « corrigeassent leurs femmes, comme il corrigeoit la « sienne. » Sur quoi ils le prièrent de leur dire comment il en usoit avec sa femme : question, ce me semble, fort indiscrète.

[1] Culpam inter viros et feminas vulgatam gravi nomine læsarum religionum ac violatæ majestatis appellando, clementiam majorum suasque ipse leges egrediebatur. Tacite, Annal. liv. III

La peine de la loi Julie étoit légère [1]. Les empereurs voulurent que, dans les jugements, on augmentât la peine de la loi qu'ils avoient faite. Cela fut le sujet des invectives des historiens. Ils n'examinoient pas si les femmes méritoient d'être punies, mais si l'on avoit violé la loi pour les punir.

Une des principales tyrannies de Tibère [2] fut l'abus qu'il fit des anciennes lois. Quand il voulut punir quelque dame romaine au-delà de la peine portée par la loi Julie, il rétablit contre elle le tribunal domestique [3].

Ces dispositions à l'égard des femmes ne regardoient que les familles des sénateurs, et non pas celles du peuple. On vouloit des prétextes aux ac-

---

[1] Cette loi est rapportée au digeste ; mais on n'y a pas mis la peine. On juge qu'elle n'étoit que de la relégation, puisque celle de l'inceste n'étoit que de la déportation. Leg. *Si quis viduam*, ff. *de quest.*

[2] Proprium id Tiberio fuit, scelera nuper reperta priscis verbis obtegere. Tacite.

[3] Adulterii graviorem pœnam deprecatus, ut, exemplo majorum, propinquis suis ultra ducentesimum lapidem removeretur, suasit. Adultero Manlio Italiâ atque Africâ interdictum est. Tacite, Annal., liv. II.

21.

cusations contre les grands, et les déportements des femmes en pouvoient fournir sans nombre.

Enfin ce que j'ai dit, que la bonté des mœurs n'est pas le principe du gouvernement d'un seul, ne se vérifia jamais mieux que sous ces premiers empereurs; et, si l'on en doutoit, on n'auroit qu'à lire Tacite, Suétone, Juvénal, et Martial.

CHAPITRE XIV.

Lois somptuaires chez les Romains.

Nous avons parlé de l'incontinence publique, parcequ'elle est jointe avec le luxe, qu'elle en est toujours suivie, et qu'elle le suit toujours. Si vous laissez en liberté les mouvements du cœur, comment pourrez-vous gêner les foiblesses de l'esprit?

A Rome, outre les institutions générales, les censeurs firent faire, par les magistrats, plusieurs lois particulières, pour maintenir les femmes dans la frugalité. Les lois Fannienne, Licinienne et Oppienne eurent cet objet. Il faut voir, dans Tite Live [1], comment le sénat fut agité, lorsqu'elles demandèrent la révocation de la loi Oppienne. Valère Maxime met l'époque du luxe chez les Romains à l'abrogation de cette loi.

CHAPITRE XV.

Des dots et des avantages nuptiaux dans les diverses constitutions.

Les dots doivent être considérables dans les monarchies, afin que les maris puissent soutenir leur rang et le luxe établi. Elles doivent être médiocres dans les républiques, où le luxe ne doit pas régner [2]. Elles doivent être à peu près nulles

[1] Décade IV, liv. IV.
[2] Marseille fut la plus sage des républiques de son

dans les états despotiques, où les femmes sont, en quelque façon, esclaves.

La communauté des biens, introduite par les lois françoises entre le mari et la femme, est très convenable dans le gouvernement monarchique, parcequ'elle intéresse les femmes aux affaires domestiques, et les rappelle, comme malgré elles, au soin de leur maison. Elle l'est moins dans la république, où les femmes ont plus de vertu. Elle seroit absurde dans les états despotiques, où presque toujours les femmes sont elles-mêmes une partie de la propriété du maître.

Comme les femmes, par leur état, sont assez portées au mariage, les gains que la loi leur donne sur les biens de leur mari sont inutiles. Mais ils seroient très pernicieux dans une république, parceque leurs richesses particulières produisent le luxe. Dans les états despotiques, les gains de noces doivent être leur subsistance, et rien de plus.

temps : les dots ne pouvoient passer cent écus en argent, et cinq en habits, dit Strabon, liv. IV.

CHAPITRE XVI.

Belle coutume des Samnites.

LES Samnites avoient une coutume qui, dans une petite république, et sur-tout dans la situation où étoit la leur, devoit produire d'admirables effets. On assembloit tous les jeunes gens, et on les jugeoit : celui qui étoit déclaré le meilleur de tous prenoit pour sa femme la fille qu'il vouloit ; celui qui avoit les suffrages après lui choisissoit encore ; et ainsi de suite [1]. Il étoit admirable de ne regarder entre les biens des garçons que les belles qualités, et les services rendus à la patrie. Celui qui étoit le plus riche de ces sortes de biens choisissoit une fille dans toute la nation. L'amour, la beauté, la chasteté, la vertu, la naissance, les

[1] Fragm. de Nicolas de Damas, tiré de Stobée, dans le recueil de Const. Porphyr.

richesses même, tout cela étoit, pour ainsi dire, la dot de la vertu. Il seroit difficile d'imaginer une récompense plus noble, plus grande, moins à charge à un petit état, plus capable d'agir sur l'un et l'autre sexe.

Les Samnites descendoient des Lacédémoniens; et Platon, dont les institutions ne sont que la perfection des lois de Lycurgue, donna à peu près une pareille loi [1].

CHAPITRE XVII.

De l'administration des femmes.

Il est contre la raison et contre la nature que les femmes soient maîtresses dans la maison, comme cela étoit établi chez les Égyptiens; mais il ne l'est pas qu'elles gouvernent un empire. Dans le premier cas, l'état de foiblesse où elles

[1] Il leur permet même de se voir plus fréquemment.

sont ne leur permet pas la prééminence : dans le second, leur foiblesse même leur donne plus de douceur et de modération ; ce qui peut faire un bon gouvernement, plutôt que les vertus dures et féroces.

Dans les Indes, on se trouve très bien du gouvernement des femmes ; et il est établi que, si les mâles ne viennent pas d'une mère du même sang, les filles qui ont une mère du sang royal succèdent [1]. On leur donne un certain nombre de personnes pour les aider à porter le poids du gouvernement. Selon M. Smith [2], on se trouve aussi très bien du gouvernement des femmes en Afrique. Si l'on ajoute à cela l'exemple de la Moscovie et de l'Angleterre, on verra qu'elles réussissent également, et dans le gouvernement modéré, et dans le gouvernement despotique.

1 Lettres édifiantes , quatorzième recueil.

2 Voyage de Guinée, seconde partie , pag. 165 de la traduction , sur le royaume d'Angola, sur la Côte-d'Or

FIN DU TOME PREMIER.

TABLE

DES LIVRES ET DES CHAPITRES

CONTENUS

DANS LE TOME PREMIER.

LIVRE I.

Des lois en général.

LIVRE II.

Des lois qui dérivent directement de la nature du gouvernement.

LIVRE III.

Des principes des trois gouvernements.

LIVRE IV.

Que les lois de l'éducation doivent être relatives aux principes du gouvernement.

LIVRE VI.

Conséquences des principes des divers gouvernements, par rapport à la simplicité des lois civiles et criminelles, la forme des jugements, et l'établissement des peines.

LIVRE VII.

Conséquences des différents principes des trois gouvernements par rapport aux lois somptuaires, au luxe, et à
la condition des femmes.

FIN DE LA TABLE.